KB260242

절망을 희망으로 바꾸는
생수의 은혜

절망을 희망으로 바꾸는
생수의 은혜

지은이 | 강준민
펴낸날 | 2007. 5. 15.
3쇄발행 | 2009. 3. 17.
등록번호 | 제3-203호
등록된 곳 | 서울시 용산구 서빙고동 95번지
발행처 | 사단법인 두란노서원
영업부 | 2078-3333 FAX 080-749-3705
출판부 | 2078-3477

▌책값은 뒤표지에 있습니다.
ISBN 978-89-531-0846-2 03230

▌독자의 의견을 기다립니다.
tpress@duranno.com   http://www.duranno.com

두란노서원은 사도행전 19장 8-20절의 정신에 따라 첫째 목회자를 돕는 사역과 평신도를 훈련시키는 사역, 둘째 세계선교(TIM)와 문서선교(단행본 · 잡지) 사역, 셋째 예수문화와 경배와 찬양사역, 그리고 가정 · 상담 사역 등을 감당하고 있습니다. 1980년 12월 22일에 창립된 두란노서원은 주님 오실 때까지 이 사역들을 계속할 것입니다.

생수의 은혜

강 준 민 지음

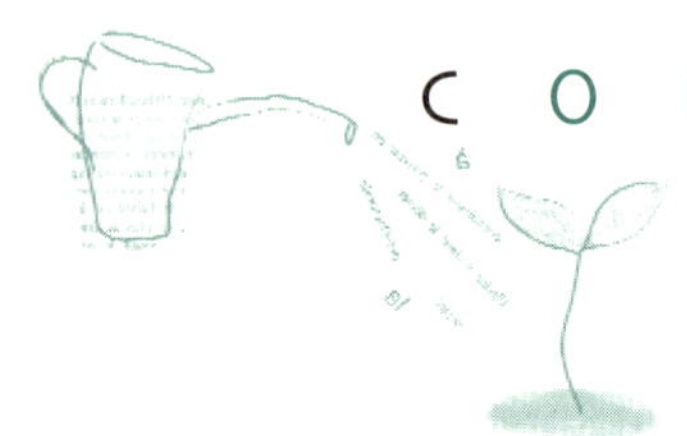

CONTENTS

"절망의 바이러스를 이겨낼 희망의 생수로 초대합니다"

인생은 어렵습니다. 산 하나를 넘으면 또 다른 산이 기다립니다. 하나의 문제를 해결하면 또 다른 문제가 기다립니다. 때로는 여러 가지 문제가 한꺼번에 몰려오기도 합니다. "산 너머 산"이라는 어른들의 말이 생각납니다. 담당해야 할 짐은 무겁고, 현실은 힘듭니다. '산다는 것이 참 힘들구나' 하는 생각을 하면서 새날을 맞이할 때도 많습니다.

그 느낌은 벼랑 끝에 선 느낌이요, 절망의 골짜기를 통과하는 느낌입니다. 날개도 없이 하늘에서 추락하는 느낌입니다. 의지했던 모든 다리가 다 무너져 내린 느낌

입니다. 어찌 저만 그런 느낌을 갖겠습니까? 우리 모두
는 저마다 무거운 짐을 지고 살고 있습니다. 그래서 우
리에게 필요한 것은 격려입니다. 희망의 메시지입니다.

　인간은 희망하는 존재입니다. 인간은 희망이 있을 때
어떤 무거운 짐도 감당할 수 있습니다. 희망은 우리를
버티게 하는 힘이요, 절망 중에 다시 일어나게 하는 능
력입니다. 희망의 예술은 깨어진 유리와 같은 인생을 가
지고 아름다운 모자이크를 만드는 예술입니다. 얼룩진
손수건에 아름다운 그림을 그려 넣는 예술입니다. 희망
의 기술은 무너진 인생을 재건하는 기술입니다. 우리에

게 필요한 것은 희망입니다. 우리에게 필요한 예술은 희망을 불어넣는 예술입니다. 절망을 물리치고 희망을 품고 살아가도록 돕는 예술입니다.

최근에 와서 저는 인간은 날마다 희망의 생수를 마셔야만 된다는 생각을 하며 살고 있습니다. 그 이유는 날마다 희망의 생수를 마시지 않으면 절망이라는 바이러스의 공격 앞에 쓰러질 수 있기 때문입니다. 절망의 바이러스는 무서운 바이러스입니다. 때와 장소를 가리지 않고 찾아오는 바이러스입니다.

절망의 바이러스는 다양한 이름으로 우리를 공격합니다. 실패라는 이름으로 찾아오기도 하고, 실수라는 이름으로 찾아오기도 합니다. 절망이라는 바이러스는 인간관계의 갈등이라는 이름으로 찾아오고, 우울증으로 찾아오기도 합니다. 때로는 영적 침체라는 이름으로 찾아오기도 합니다. 우리는 절망을 경계해야 합니다. 그러나 너무 두려워하지는 마십시오. 우리에게는 절망의 바이러스를 이겨낼 수 있는 희망의 생수가 있기 때문입니다.

저는 에스겔의 말씀을 읽을 때마다 성전에서 흘러나오는 생수에 관심이 많았습니다. 언젠가는 생수에 관해

집중적으로 묵상하고 싶은 소원을 가지고 있었습니다. 하나님은 저의 소원을 들어주셔서 생수에 관해 묵상할 수 있는 은혜를 주셨습니다. 지금 세상은 떡 전쟁이면서 동시에 물 전쟁입니다. 예수님은 떡 문제와 물 문제를 해결하기 위해 오셨습니다.

예수님은 생명의 떡으로 오셨습니다. 우리 인간은 먹는 대로 만들어집니다. 잘못 먹으면 병이 듭니다. 광우병은 소가 풀을 먹어야 하는데 사료에 잘못 섞여 들어간 고기를 먹음으로 생긴 병입니다. 소는 풀을 먹어야만 건강합니다. 그런데 먹어서는 안 되며, 먹을 수 없는 고기를 먹음으로써 미치게 되는 것입니다. 광우병이 걸린 소고기를 먹으면 우리 인간도 병들어 죽게 됩니다.

소가 풀을 먹어야 하는 것처럼 인간은 생명의 떡을 먹어야 합니다. 맛있는 음식이 다 좋은 것은 아닙니다. 사실은 담백한 음식이 좋은 것입니다. 눈에 보기 좋고, 혀에 당장 맛을 주는 음식보다 담백한 음식이 몸에 좋습니다. 인생의 문제를 해결하는 길이 바로 여기 있습니다. 그것은 아주 담백한 것을 사랑하는 것입니다. 떡으로 돌아가는 것입니다. 생명의 떡이신 예수님께로 돌아가는 것입니다.

예수님은 생수를 주시기 위해 오셨습니다. 인간의 몸은 70% 이상이 물로 되어 있습니다. 인간이 어머니의 자궁에 잉태될 당시에는 99%가 물입니다. 수정란은 99%가 물입니다. 그런 까닭에 인간은 좋은 물을 마셔야 합니다. 수질이 나쁜 물을 마시면 몸이 병듭니다. 그런 까닭에 우리는 좋은 물을 마셔야 합니다. 나쁜 물로 병든 몸을 치료하는 길은 좋은 물을 마시는 것입니다. 생수를 마시는 것입니다. 물을 바꾸면 인생이 바뀝니다.

절망을 이겨낼 수 있는 생수의 원천은 예수님이십니다. 예수님께 가면 생수를 마실 수 있습니다. 생수의 원천은 성령님이십니다. 성령님은 생수로 오셨습니다. 생수가 임하면 죽은 땅이 살아납니다. 죽은 바다가 소생합니다. 생수는 병든 것을 치유합니다. 생수는 회복시켜 주고, 번영케 합니다.

물이 흐르는 곳에 식물이 자라듯이 생수가 흐르는 곳에 영혼이 소생합니다. 우리의 절망을 희망으로 바꿀 수 있는 길은 생수 되신 하나님께로 나아가는 것입니다. 지혜란 생수의 원천으로 돌아가는 것입니다. 지혜란 원천에 머무는 능력입니다. 인생의 문제가 복잡해 보이지만 뿌리로 들어가 보면 죄 문제입니다. 인생의 문제가 복잡해 보이지만 해결책은 단순합니다. 그것은 하나님께로 돌아가는 것입니다. 우리의 죄 문제, 그리고 근본적인 문제를 해결해 주시는 하나님께 돌아가는 것입니다. 문제의 원인만 제거하면 문제는 쉽게 해결됩니다.

하나님은 이 책을 손에 잡은 당신의 형편을 아십니다. 당신은 생각보다 더 많은 아픔 속에 살고 있는지 모릅니다. 미소라는 가면 아래 많은 상처를 감추고 살고 있는지 모릅니다. 짙은 화장 밑에 어둠을 감추고 살고 있는지 모릅니다. 그러나 너무 부끄러워하거나 당황하지 마십시오. 그것은 우리 모두의 모습입니다. 우리 모두에게 필요한 것은 희망입니다. 희망의 생수가 필요합니다. 그것도 날마다 필요합니다. 우리는 날마다 격려의 생수를 마셔야 합니다. 날마다 희망의 생수를 마셔야 합니다.

이 책은 당신에게 희망의 생수를 소개해 주고, 희망의 생수를 마시도록 도와줄 것입니다. 예수님은 목마른 사람들을 초청하십니다. "내게로 와서 생수를 마시라"고 초청하십니다.

저는 확신을 가지고 이 책을 썼습니다. 저의 확신은 제 안에 있는 것이 아니라 말씀 속에 있습니다. 하나님의 약속 안에 있습니다. 제가 믿고 의지하는 하나님께 있습니다. 저를 벼랑 끝에서 날게 하신 하나님, 절망을 희망으로 바꾸어 주신 하나님께 있습니다. 저의 소원은 이 책을 읽는 동안 제가 경험한 하나님을 당신도 만나는 것입니다.

이 책을 읽고 있는 것은 결코 우연이 아닙니다. 저는 모든 만남 속에서 하나님의 섭리를 발견했습니다. 문제는 우리가 그 만남에 어떻게 반응하느냐에 있습니다. 책 한 권의 만남도 우연이 아닙니다. 섭리입니다. 이제 이 책을 읽고 어떻게 반응할 것이냐는 당신의 몫입니다.

부족한 사람이 쓴 책을 아껴 주시는 독자들께 다시 한 번 감사를 드리고 싶습니다. 독자들의 격려가 없다면 책을 쓰는 것은 외로운 일입니다. 변함없는 사랑으로 격려해 주신 독자들께 감사드립니다.

이 책이 출판되기까지 섬겨 주신 두란노 가족들께 감사드립니다. 특별히 유종성 본부장님과 송미영 팀장님께 감사드립니다.

　제가 책을 쓸 수 있도록 늘 격려해 주는 아내와 두 딸 그리고 동양선교교회 가족들께 감사드립니다.

　끝으로, 절망의 순간에 찾아오셔서 생수를 공급해 주시고, 또한 희망의 날개를 달아 주시는 예수님께 감사드립니다.

로스앤젤레스에서

강준민 드림

1그가 나를 데리고 전 문에 이르시니 전의 전면이 동을 향하였는데 그 문지방 밑에서 물이 나와서 동으로 흐르다가 전 우편 제단 남편으로 흘러내리더라

2그가 또 나를 데리고 북문으로 나가서 바깥 길로 말미암아 꺾여 동향한 바깥문에 이르시기로 본즉 물이 그 우편에서 스미어 나오더라

3 그 사람이 손에 줄을 잡고 동으로 나아가며 일천 척을 척량한 후에 나로 그 물을 건너게 하시니 물이 발목에 오르더니

4다시 일천 척을 척량하고 나로 물을 건너게 하시니 물이 무릎에 오르고 다시 일천 척을 척량하고 나로 물을 건너게 하시니 물이 허리에 오르고

5다시 일천 척을 척량하시니 물이 내가 건너지 못할 강이 된지라 그 물이 창일하여 헤엄할 물이요 사람이 능히 건너지 못할 강이더라

6그가 내게 이르시되 인자야 네가 이것을 보았느냐 하시고 나를 인도하여 강가로 돌아가게 하시기로

7 내가 돌아간즉 강 좌우편에 나무가 심히 많더라

8 그가 내게 이르시되 이 물이 동방으로 향하여 흘러 아라바로 내려가서 바다에 이르리니 이 흘러내리는 물로 그 바다의 물이 소성함을 얻을지라

9 이 강물이 이르는 곳마다 번성하는 모든 생물이 살고 또 고기가 심히 많으리니 이 물이 흘러 들어가므로 바닷물이 소성함을 얻겠고 이 강이 이르는 각처에 모든 것이 살 것이며

10 또 이 강가에 어부가 설 것이니 엔게디에서부터 에네글라임까지 그물 치는 곳이 될 것이라 그 고기가 각기 종류를 따라 큰 바다의 고기같이 심히 많으려니와

11 그 진펄과 개펄은 소성되지 못하고 소금 땅이 될 것이며

12 강 좌우 가에는 각종 먹을 실과 나무가 자라서 그 잎이 시들지 아니하며 실과가 끊치지 아니하고 달마다 새 실과를 맺으리니 그 물이 성소로 말미암아 나옴이라 그 실과는 먹을 만하고 그 잎사귀는 약 재료가 되리라.

에스겔 47장 1-12절

하나님은 예수님을 통해 복음으로 영원한 성전을 세우셨습니다. 이 성전에서 신비한 생수가 흘러넘칩니다. 이 생수는 영혼을 살리고, 사람을 치유하고, 교회를 굳건하게 세워 줍니다. 생수가 닿는 곳마다 다시 사는 부흥의 역사가 일어납니다.

1

성전에서 흘러나오는 신비한 생수

에스겔 47:1-2

마른 뼈에 생기를 불어넣어 생명을
주시고 큰 군대를 만드셨던 하나님
은 치유와 형통으로 인도하는 신비
한 생수의 은혜까지 주십니다.

성령님을 알고 그분을
사모하십시오

우리에게는 무엇을 아느냐보다 누구를 아느냐가
더 중요합니다. 누구를 만나느냐가 우리 인생을 결정하
기 때문입니다. 지식과 정보는 아주 중요합니다. 그러나
그보다 더 중요한 것은 우리가 누구를 알고, 누구를 만
나느냐에 있습니다.

우리가 참으로 알아야 할 분은 하나님이십니다. 삼위
일체의 하나님 곧 성부 하나님, 성자 예수님, 성령 하나
님을 아는 것이 그 무엇보다 중요합니다. 특히 이 장에
서는 삼위 하나님 가운데 성령님에 대해 집중적으로 살

 절망을 희망으로 바꾸는 생수의 은혜

펴보려고 합니다. 그 이유는 우리가 성령님을 통해 거듭 났기 때문입니다. 성령님을 통해 예수님을 알게 되었기 때문입니다.

우리는 성령님을 통해 예수님을 알게 됩니다. 성령님의 도우심 없이는 예수님을 알 수 없습니다. 성령님은 우리에게 예수님을 증거하시고, 예수님이 누구신지 알도록 도와주십니다. 우리가 예수님을 믿도록 도와주시는 분이 바로 성령님입니다.

예수님이 세우신 교회가 구체적으로 시작된 것도 오순절 성령 강림을 통해서였습니다. 그러므로 성령님을 떠나서 교회는 존재할 수 없습니다. 또한 예수님의 지상 명령인 세계 선교가 이루어지는 것도 성령님을 통해서입니다. 세계 선교는 성령님이 주도하시고, 성령님이 완성하십니다.

우리가 날마다 읽는 성경도 성령님의 영감으로 쓰여졌습니다. 그러므로 성령님의 도우심 없이는 성경의 진리를 깨달을 수 없습니다. 성령님은 진리의 영이시며, 하나님의 깊은 것이라도 통달하시는 분입니다.

"오직 하나님이 성령으로 이것을 우리에게 보이셨으

니 성령은 모든 것 곧 하나님의 깊은 것이라도 통달하시
느니라"(고전 2:10).

성경은 성령님에 의해 쓰여졌기 때문에 성령님의 도
우심 없이는 결코 이해할 수 없습니다. 세상적인 학문을
아무리 많이 쌓은 사람도 성령님의 도우심 없이는 결코
성경을 이해할 수 없습니다. 성경은 오직 성령님의 도우
심으로 깨달을 수 있습니다.

그러므로 성령님을 받지 못한 육에 속한 사람은 신령
한 것을 분별하지 못합니다. 육에 속한 사람은 육신의
일을 도모할 뿐 신령한 일을 도모하지 못합니다. 육신의
생각은 하나님과 원수가 됩니다.

그러나 영의 생각은 하나님을 기쁘시게 합니다. 성령
을 충만하게 받으면 성령의 열매를 맺게 됩니다. 우리는
성령의 열매를 알고, 성령의 열매 맺기를 사모해야 합니다.

"오직 성령의 열매는 사랑과 희락과 화평과 오래 참
음과 자비와 양선과 충성과 온유와 절제니 이 같은 것을
금지할 법이 없느니라"(갈 5:22-23).

성령의 열매는 성품과 관련되어 있습니다. 우리 힘으
로는 예수님의 성품을 만들어 낼 수 없습니다. 오직 성

령님께서 우리 안에서 역사하실 때 예수님의 성품이 우리의 삶 속에서 드러나는 것을 보게 됩니다. 그래서 예수님은 "그 열매로 그들을 알지니라"고 말씀하셨습니다.

"그의 열매로 그들을 알지니 가시나무에서 포도를 또는 엉겅퀴에서 무화과를 따겠느냐 이와 같이 좋은 나무마다 아름다운 열매를 맺고 못된 나무가 나쁜 열매를 맺나니 좋은 나무가 나쁜 열매를 맺을 수 없고 못된 나무가 아름다운 열매를 맺을 수 없느니라 아름다운 열매를 맺지 아니하는 나무마다 찍혀 불에 던지우느니라 이러므로 그의 열매로 그들을 알리라"(마 7:16-20).

또한 성령님이 없이는 치유도 없고 회복도 없습니다. 우리 상한 마음을 치유해 주시는 분은 성령님입니다. 우리가 상실한 모든 것을 회복시켜 주시는 분도 성령님입니다. 성령님은 우리의 모든 상처를 치유하시고 회복시켜 주십니다. 우리가 교

하나님은 성전에서 생수가 흘러나오게 하십니다. 오늘날 성전은 예수 그리스도요, 그를 믿는 사람들과 그들이 모인 교회입니다.

회에 나오는 중요한 이유는 성령님의 도우심을 받기 위해서입니다.

에스겔 37장은 마른 뼈를 사랑하시고, 마른 뼈를 군대로 만드시는 성령님에 대해 말씀하고 있습니다. 에스겔 37장에서 우리가 만난 성령님은 생기로 역사하시는 성령님이었습니다.

"주 여호와께서 이 뼈들에게 말씀하시기를 내가 생기로 너희에게 들어가게 하리니 너희가 살리라"(겔 37:5).

생기가 마른 뼈들에게 들어가자 마른 뼈들이 살아납니다. 뿐만 아니라 일어나 극히 큰 군대가 됩니다.

"이에 내가 그 명대로 대언하였더니 생기가 그들에게 들어가매 그들이 곧 살아 일어나서 서는데 극히 큰 군대더라"(겔 37:10).

성령님은 마른 뼈들을 그리스도의 군사로 존귀하게 만들어 사용하십니다. 그리스도의 군사는 창과 칼로 싸우지 않습니다. 그리스도의 군사는 하나님의 이름으로 싸우고, 말씀의 검으로 싸우고, 무릎으로 싸우는 사람들입니다. 전쟁은 하나님께 속한 것임을 알고, 하나님을 바라보는 중에 싸우는 사람들입니다. 그래서 작은 자가

천을 이루고, 한 사람이 천을 당하는 능력의 군사가 되는 것입니다.

생기로 역사하시던 성령님이 에스겔 47장에서는 물로 역사하십니다. 생수로 역사하십니다. 그런데 이 생수가 성전에서 흘러나온다고 말씀합니다.

"그가 나를 데리고 전 문에 이르시니 전의 전면이 동을 향하였는데 그 문지방 밑에서 물이 나와서 동으로 흐르다가 전 우편 제단 남편으로 흘러내리더라 그가 또 나를 데리고 북문으로 나가서 바깥 길로 말미암아 꺾여 동향한 바깥문에 이르시기로 본즉 물이 그 우편에서 스미어 나오더라"(겔 47:1-2).

에스겔이 본 성전의 환상은 새로운 성전을 의미했습니다. 하나님이 장차 세우실 새 성전에 대한 환상을 에스겔에게 보여 주신 것입니다.

저는 생수가 성전에서 흘러나온다는 이 귀한 말씀을 묵상하면서 이 시대의 성전 되는 교회가 얼마나 소중한지를 깊이 깨닫게 되었습니다. 우리는 교회의 위치, 교회의 영광, 교회의 역할을 잘 알아야 합니다. 교회를 통해 어떤 복을 받는지 배우고 어떤 은혜가 임하는지를 알아야 합니다.

하나님의 눈길은 생수가 흘러나오는 성전에 있습니다

에스겔 47장을 보면, 하나님은 에스겔을 성전으로 데리고 가십니다. 성전에 데려가시는 이유는 성전 문에서 흘러나오는 물을 보여 주시기 위해서입니다.

"그가 나를 데리고 전 문에 이르시니 전의 전면이 동을 향하였는데 그 문지방 밑에서 물이 나와서 동으로 흐르다가 전 우편 제단 남편으로 흘러내리더라"(겔 47:1).

앞서 에스겔 37장에서 하나님은 권능으로 임하십니다. 그리고 그 신 곧 성령으로 에스겔을 마른 뼈들이 가득한 골짜기 가운데 데리고 가십니다. 그 마른 뼈들은 이스라엘 백성들이었습니다. 하나님은 마른 뼈처럼 쓸모없이 버려진 이스라엘 백성을 사랑하셨습니다. 바벨론에 포로로 끌려가서 스스로 소망이 끊어졌으며 멸절되었다고 말하는 이스라엘 백성을 사랑하셨습니다.

그래서 하나님은 그들을 회복시키시기 위해 에스겔을 세우십니다. 그리고 성령의 생기가 사방에서 불어와서 마른 뼈들에게 들어가도록 말씀을 대언하게 하십니다. 그

러자 성령의 생기가 마른 뼈들에게 들어가 이스라엘 백
성들이 회복되고, 큰 군사가 되어 쓰임받게 됩니다. 하
나님은 마른 뼈들을 군사로 만드신 후에 장차 이루어질
놀라운 약속을 주십니다.

첫째, 하나님은 선한 목자와 영원한 왕을 세우실 것
을 약속하십니다.

하나님은 마른 뼈들이 살아 일어나 큰 군대가 되는 것
에 멈추지 않으시고 에스겔 37장 마지막 부분에서 영원
한 목자, 영원한 왕을 약속하십니다.

"내 종 다윗이 그들의 왕이 되리니 그들에게 다 한 목
자가 있을 것이라 그들이 내 규례를 준행하고 내 율례를
지켜 행하며 내가 내 종 야곱에게 준 땅 곧 그 열조가 거
하던 땅에 그들이 거하되 그들과 그 자자손손이 영원히
거기 거할 것이요 내 종 다윗이 영원히 그 왕이 되리라"
(겔 37:24-25).

하나님은 장차 임하게 될 왕이자 목자에 대해 말씀하
십니다. 그의 이름은 다윗입니다. 그러나 에스겔 37장에
나오는 다윗이란 이름은 이스라엘 역사 속의 다윗 왕을

의미하는 것이 아닙니다. 다윗 왕은 이미 죽었습니다. 그렇다면 이 말씀에 등장하는 다윗 왕은 누구를 의미할까요? 다윗과 같은 모습으로 장차 오실 예수님을 의미합니다.

다윗은 구약 전체를 통해 볼 때 이스라엘 백성들의 가슴에 가장 깊이 남아 있는 왕입니다. 다윗은 훌륭한 왕이었습니다. 하나님의 이름으로 전쟁을 승리로 이끌었던 왕이었으며 이스라엘의 양 무리를 아꼈던 목자였습니다.

"또 그 종 다윗을 택하시되 양의 우리에서 취하시며 젖양을 지키는 중에서 저희를 이끄사 그 백성인 야곱 그 기업인 이스라엘을 기르게 하셨더니 이에 저가 그 마음의 성실함으로 기르고 그 손의 공교함으로 지도하였도다"(시 78:70-72).

다윗은 왕이면서 양의 목자였습니다. 그러나 다윗은 완전하지 못했습니다. 그는 아주 중요한 실수를 했던 사람입니다. 그래서 하나님은 다윗보다 전능한 왕, 선한 목자를 약속하십니다. 그분이 바로 예수님입니다.

예수님은 만왕의 왕입니다. 예수님은 선한 목자입니다. 양들에게 꼴을 먹이시고, 양들을 보호하시는 선한 목자입니다.

둘째, 하나님은 새 성전을 약속하십니다.

하나님은 목자이자 영원한 왕을 약속하신 후에 성전을 약속하십니다.

"내가 그들과 화평의 언약을 세워서 영원한 언약이 되게 하고 또 그들을 견고하고 번성케 하며 내 성소를 그 가운데 세워서 영원히 이르게 하리니 내 처소가 그들의 가운데 있을 것이며 나는 그들의 하나님이 되고 그들은 내 백성이 되리라 내 성소가 영원토록 그들의 가운데 있으리니 열국이 나를 이스라엘을 거룩케 하는 여호와인 줄 알리라 하셨다 하라"(겔 37:26-28).

하나님은 백성들 가운데 성소를 세워 영원히 있게 하겠다고 말씀하십니다. 그 성소는 새 성전을 의미합니다. 하나님의 관심은 성전에 있었습니다. 그래서 하나님은 에스겔을 골짜기에서 이끌어 내어 이스라엘 땅으로 인도하십니다. 그리고 이스라엘 땅의 성전으로 인도하십니다.

"우리가 사로잡힌 지 이십오 년이요 성이 함락된 후 십사 년 정월 십일 곧 그날에 여호와의 권능이 내게 임하여 나를 데리고 이스라엘 땅으로 가시되 하나님의 이상 중에 나를 데리고 그 땅에 이르러 나를 극히 높은 산 위에 내려놓으시는데 거기서 남으로 향하여 성읍 형상 같은 것이 있더라 나를 데리시고 거기 이르시니 모양이 놋같이 빛난 사람 하나가 손에 삼줄과 척량하는 장대를 가지고 문에 서서 있더니 그 사람이 내게 이르되 인자야 내가 네게 보이는 그것을 눈으로 보고 귀로 들으며 네 마음으로 생각할지어다 내가 이것을 네게 보이려고 이리로 데리고 왔나니 너는 본 것을 다 이스라엘 족속에게 고할지어다 하더라"(겔 40:1-4).

하나님의 권능이 에스겔을 이스라엘 땅으로 데리고 갔고, 거기서 에스겔은 놋같이 빛난 한 사람을 만납니다. 놋같이 빛난 사람이 에스겔을 데리고 성전 문에 이릅니다.

"그가 나를 데리고 전 문에 이르시니 전의 전면이 동을 향하였는데 그 문지방 밑에서 물이 나와서 동으로 흐르다가 전 우편 제단 남편으로 흘러내리더라"(겔 47:1).

이 말씀에 나오는 그가 곧 놋같이 빛난 사람입니다. 이 사람의 모습은 요한계시록에도 나옵니다.

"촛대 사이에 인자 같은 이가 발에 끌리는 옷을 입고 가슴에 금띠를 띠고 그 머리와 털의 희기가 흰 양털 같

 절망을 희망**으로 바꾸는** 생수의 은혜

고 눈 같으며 그의 눈은 불꽃 같고 그의 발은 풀무에 단
련한 빛난 주석 같고 그의 음성은 많은 물 소리와 같으
며 그 오른손에 일곱별이 있고 그 입에서 좌우에 날 선
검이 나오고 그 얼굴은 해가 힘 있게 비취는 것 같더라”
(계 1:13-16).

예수님의 모습 중에서 발은 단련한 빛난 주석과 같고,
예수님의 음성은 많은 물 소리와 같다고 표현하고 있습
니다. 특히 많은 물소리와 같은 하나님의 음성은 에스겔
43장 2절에도 나옵니다.

“그 후에 그가 나를 데리고 문에 이르니 곧 동향한 문
이라 이스라엘 하나님의 영광이 동편에서부터 오는데
하나님의 음성이 많은 물 소리 같고 땅은 그 영광으로
인하여 빛나니”(겔 43:1-2).

여기서 분명히 알 수 있는 것은 에스겔을 데리고 다니
시는 분이 장차 오실 예수님의 모습을 한 사람이라는 것
입니다. 에스겔은 여호와의 권능에 이끌리고 있습니다.
빛난 주석 같은 분에게 이끌리고 있습니다. 또한 성령님
에게 이끌리고 있습니다.

“성신이 나를 들어 데리고 안뜰에 들어가시기로 내가

보니 여호와의 영광이 전에 가득하더라"(겔 43:5).

셋째, 새 성전은 그리스도의 몸 된 교회를 의미합니다.

하나님은 에스겔을 데리고 성전에 들어가셔서 여호와의 영광을 보게 하십니다. 하나님의 전에는 여호와의 영광이 가득했습니다. 또한 에스겔은 그 성전 문에서 생수가 흘러나오는 것을 보게 됩니다.

에스겔이 본 새 성전은 무엇을 의미할까요? 새 성전은 성전 되신 예수님을 의미합니다. 우리 가운데 임하셔서 영원히 함께 거하시는 성전 되신 예수님을 나타냅니다. 예수님도 자신을 성전이라 말씀하셨습니다.

"예수께서 대답하여 가라사대 너희가 이 성전을 헐라 내가 사흘 동안에 일으키리라 유대인들이 가로되 이 성전은 사십륙 년 동안에 지었거늘 네가 삼 일 동안에 일으키겠느뇨 하더라 그러나 예수는 성전 된 자기 육체를 가리켜 말씀하신 것이라"(요 2:19-21).

예수님은 친히 성전이 되십니다. 예수님은 사람이 세운 성전을 허무시고 친히 몸으로 성전을 세우셨습니다. 구약의 율법에 의해 만들어진 성전을 허무시고, 복음으로 세워진 영원한 성전을 세우셨습니다.

복음 안에도 법이 있습니다. 그러나 복음 안에 있는 법은 율법이 아닙니다. 율법을 능가한 법입니다. 율법의 정신을 담았을 뿐만 아니라 율법을 완성케 하는 법입니다. 또한 복음 안에 있는 법은 죄와 사망의 법이 아닙니다. 생명의 성령의 법입니다. 성령님이 마음껏 활동하실 수 있는 법입니다. 반면 죄와 사망의 법은 위험합니다. 죄와 사망의 법이 활동할 수 있는 법은 위험합니다.

그러므로 생명의 성령의 법이 역사할 수 있는 법이 세워져야 합니다. 사람을 살리고, 영혼을 치유하고, 믿음으로 살 수 있는 법이 세워져야 합니다. 사람의 생각이 아니라 성경적 원리에 기초한 법이 세워져야 합니다. 우리는 이러한 생명의 성령의 법을 사모해야 합니다.

"이는 그리스도 예수 안에 있는 생명의 성령의 법이 죄와 사망의 법에서 너를 해방하였음이라"(롬 8:2).

율법의 문제를 생명의 성령의 법으로 해결하시고, 구약의 성전 문제를 살아 계신 성전인 예수님 자신으로 해결하셨습니다. 곧 그리스도의 몸 된 교회로 해결하신 것입니다.

예수님이 말씀하신 성전은 바로 교회입니다. 교회는 그리스도의 몸입니다. 그리고 예수님은 교회의 머리가 되십니다.

"또 만물을 그 발아래 복종하게 하시고 그를 만물 위에 교회의 머리로 주셨느니라 교회는 그의 몸이니 만물 안에서 만물을 충만케 하시는 자의 충만이니라"(엡 1:22-23).

에스겔이 보았던 성전 문에서 흘러나오는 물 곧 생수가 지금 주님의 몸 된 교회에서 흘러나오고 있습니다. 교회는 생수를 제공해 주는 곳입니다. 세상이 줄 수 없는 생수를 제공해 주는 곳이기에 교회는 좋은 것입니다. 이 물을 마시면 삽니다. 치유됩니다. 회복됩니다. 번영합니다. 그러므로 우리는 교회를 사랑해야 합니다. 음부의 권세가 역사하지 못하도록 교회를 보호해야 합니다.

넷째, 성전에서 흘러나오는 생수가 모든 것을 소생시킵니다.

에스겔 47장을 보면, 생수의 강이 임하면 죽은 바닷물이 소생합니다. 이 물이 흐르는 곳에는 번성하는 생물이 살며 고기도 심히 많아집니다. 생수의 강이 흐르는 곳마다 모든 것이 살아납니다. 강 좌우에 각종 먹을 실과나무가 자라고, 그 열매가 끊이지 않고 달마다 새 실과를 맺습니다. 그 나무에서 나오는 잎사귀는 약 재료가 됩니다.

"이 강물이 이르는 곳마다 번성하는 모든 생물이 살고 또 고기가 심히 많으리니 이 물이 흘러 들어가므로 바닷물이 소성함을 얻겠고 이 강이 이르는 각처에 모든 것이 살 것이며 또 이 강가에 어부가 설 것이니 엔게디에서부터 에네글라임까지 그물 치는 곳이 될 것이라 그 고기가 각기 종류를 따라 큰 바다의 고기같이 심히 많으려니와 그 진펄과 개펄은 소성되지 못하고 소금 땅이 될 것이며 강 좌우 가에는 각종 먹을 실과나무가 자라서 그 잎이 시들지 아니하며 실과가 끊치지 아니하고 달마다 새 실과를 맺으리니 그 물이 성소로 말미암아 나옴이라 그 실과는 먹을 만하고 그 잎사귀는 약 재료가 되리라”
(겔 47:9-12).

하나님의 눈길은 생수가 흘러넘치는 교회에 있습니다.
하나님이 주시는 생수를 마시면 소생하게 됩니다. 치유
받게 되고 번영하게 됩니다. 잘되게 됩니다. 형통하게
됩니다. 자신만 치유받는 것이 아니라 남을 치유하는 사
람이 됩니다. 자신만 사는 것이 아니라 다른 사람도 살
리는 사람이 됩니다.

하나님은 값없이 생수를
주시는 분입니다

하나님은 값없이 생수를 주십니다. 구약 성경과 신약
성경 모두에서 하나님은 우리에게 생수를 주기 원하시는
분임을 알게 됩니다. 누구에게나 차별 없이 목마른 자에게
주십니다. 갈망하는 자에게 주십니다. 사모하는 자에게
주십니다. 값없이 주십니다.
“너희 목마른 자들아 물로 나아오라 돈 없는 자도 오

라 너희는 와서 사 먹되 돈 없이, 값없이 와서 포도주와 젖을 사라 너희가 어찌하여 양식 아닌 것을 위하여 은을 달아 주며 배부르게 못할 것을 위하여 수고하느냐 나를 청종하라 그리하면 너희가 좋은 것을 먹을 것이며 너희 마음이 기름진 것으로 즐거움을 얻으리라"(사 55:1-2).

하나님이 구약에서 약속하신 이 생수를 신약에서 예수님이 다시 약속하십니다.

"명절 끝 날 곧 큰 날에 예수께서 서서 외쳐 가라사대 누구든지 목마르거든 내게로 와서 마시라 나를 믿는 자는 성경에 이름과 같이 그 배에서 생수의 강이 흘러나리라 하시니 이는 그를 믿는 자의 받을 성령을 가리켜 말씀하신 것이라(예수께서 아직 영광을 받지 못하신 고로 성령이 아직 저희에게 계시지 아니하시더라)"(요 7:37-39).

그렇다면 하나님은 왜 우리에게 생수를 주기 원하실까요? 그 이유는 물이 우리 인간에게 너무나 소중하기 때문입니다. 인간에게 호흡 다음으로 중요한 것이 물입니다. 생기 다음으로 중요한 것이 물입니다. 음식을 먹지 않고는 40일, 60일을 사는 사람도 있지만 물이 없으면 그렇게 살 수 없습니다.

물이 흐르면 식물이 살아나듯 생수가 흐르면 우리 영혼이 삽니다. 물이 바뀌면 사람이 바뀝니다. 노는 물에 따라 고기의 운명이 결정되듯이 우리도 어떤 물에서 사느냐에 따라 우리의 미래가 결정됩니다. 어떤 물을 마신 사람과 접촉하느냐에 따라 인생이 달라집니다.

우리에게 물이 중요한 것은 인간의 70%가 물로 되어 있기 때문입니다. 또 한 가지 놀라운 사실은, 수정란의 99%가 물로 되어 있다는 것입니다. 이런 사실에 비추어 볼 때, 인간의 출발은 거의 물에서 시작되었다고 해도 과언이 아닙니다. 한 생명이 잉태되어 어머니의 태 안에 있을 때도 물속에 있게 됩니다. 물속에서 숨을 쉬고, 물속에서 자라납니다. 그러다가 10개월이 되면 어머니의 자궁 안에 있는 양수를 터뜨리고 태어나는 것입니다.

물 전문가인 에모토 마사루는 「물은 답을 알고 있다」라는 책에서 물과 인간의 관계를 설명하고 있습니다.

"인간의 몸은 70퍼센트가 물이다." 인간이 형성되는 최초의 시기인 수정란 때는 99퍼센트가 물입니다. 막 태어났을 때는 90퍼센트, 완전히 성장하면 70퍼센트, 죽을 때는 약 50퍼센트 정도가 됩니다. 그렇게 인간은 태어나서 죽을 때까지 물 상태로 살아갑니다.[1]

인간의 건강과 물은 아주 밀접한 관계가 있습니다. 에모토 마사루는 계속해서 이렇게 건강과 물의 관계를 설명하고 있습니다.

건강하고 행복한 삶을 살려면 어떻게 해야 할까요. 그건 너무도 간단합니다. 우리 몸의 70퍼센트를 차지하고 있는 물을 깨끗하게 하면 되는 것입니다.

강은 흐르기 때문에 깨끗할 수 있습니다. 고임은 물에게도 죽음을 의미합니다. 물은 끊임없이 순환해야 합니다. 건강을 해친 사람 대부분은 몸속의 물, 즉 혈액이 고여 있습니다. 혈액의 흐름이 멈추면 몸은 썩기 시작합니다. 뇌혈관이 막히면 목숨이 위험합니다….

물이란 무엇일까요. 먼저, 물은 생명력이라고 할 수

있습니다. 몸속의 물을 50퍼센트 잃으면 우리는 살 수 없습니다. 인간은 물을 통해 영양분을 섭취하고, 그것을 혈액과 체액으로 몸 곳곳에 옮깁니다. 물이 몸속을 흐름으로 해서 생명은 생명일 수 있습니다. 생명이라는 관점에서 볼 때, 물이란 에너지의 전달 매체입니다.

에너지의 전달 매체인 물은 몸속을 다니는 화물차라 할 수 있습니다. 화물차에 쓰레기가 가득 쌓이면 운반하는 물건도 오염되고 말 것입니다. 그러므로 물은 늘 깨끗해야 합니다.[2]

건강하기 위해서는 좋은 물을 마셔야 합니다. 건강을 위해 많은 분들이 족욕이나 반신욕을 권합니다. 물속에 발을 담그거나 허리 정도까지 물이 오도록 해서 몸을 담그면 아주 좋다고 합니다. 몸을 덥히기 위해 따뜻한 물속에 몸을 담그는 것이 전기담요나 히터를 쓰는 것보다 훨씬 더 좋다고 합니다. 그 이유는 우리 몸의 70%가 물로 되어 있기 때문에 따뜻한 물속에 몸을 담그면 몸이 아주 좋아한다는 것입니다. 물과 몸속에 있는 물이 만나기 때문에 아주 편안해 한다고 합니다.

이렇게 우리 육신의 건강은 물과 밀접한 관계가 있습니다. 마찬가지로 우리 영혼의 건강도 물과 밀접한 관계가 있습니다. 그래서 하나님이 우리에게 생수를 약속하신 것입니다.

그렇다면 이 생수는 어디서 오는 것이며, 누구를 통해 오는 것일까요? 이 생수는 무엇을 의미하는 것일까요? 또한 이 생수를 어떻게 받아 마실 수 있는 것일까요?

첫째, 하나님은 생수의 근원이 되십니다.

하나님은 생수를 주실 뿐만 아니라 생수의 근원이 되십니다. 하나님이 주시는 생수를 버리면 생수의 근원 되시는 하나님을 저버리는 것입니다.

"내 백성이 두 가지 악을 행하였나니 곧 생수의 근원 되는 나를 버린 것과 스스로 웅덩이를 판 것인데 그것은 물을 저축지 못할 터진 웅덩이니라"(렘 2:13).

"이스라엘의 소망이신 여호와여 무릇 주를 버리는 자는 다 수치를 당할 것이라 무릇 여호와를 떠나는 자는 흙에 기록이 되오리니 이는 생수의 근원이신 여호와를 버림이니이다"(렘 17:13).

이 말씀을 마음에 깊이 새기십시오. 하나님은 생수의 근원이 되십니다. 생수의 근원이 되시는 하나님을 떠나면 안 됩니다. 생수의 근원 되신 하나님을 사모해야 합니다.

둘째, 하나님의 생수의 강변에 뿌리를 내릴 때 형통합니다.

사람을 의지해서는 안 됩니다. 혈육을 의지하지 마십시오. 우리는 하나님을 의지하고, 하나님께 의뢰하며, 하나님께 깊이 뿌리내려야 합니다. 하나님은 혈육으로 권력을 삼는 사람을 싫어하십니다. 그런 사람은 좋은 일이 오는 것을 보지 못할 것이라고 말씀합니다.

"나 여호와가 이같이 말하노라 무릇 사람을 믿으며 혈육으로 그 권력을 삼고 마음이 여호와에게서 떠난 사람은 저주를 받을 것이라 그는 사막의 떨기나무 같아서 좋은 일의 오는 것을 보지 못하고 광야 간조한 곳, 건건한 땅, 사람이 거하지 않는 땅에 거하리라"(렘 17:5-6).

우리는 잘못된 모범을 따라서는 안 됩니다. 좋은 모범을 따라가야 합니다. 좋은 모범은 하나님께 깊이 뿌리를 내리는 것입니다. 하나님의 생수의 강변에 뿌리내리는 것입니다.

"그러나 무릇 여호와를 의지하며 여호와를 의뢰하는 그 사람은 복을 받을 것이라 그는 물가에 심기운 나무가 그 뿌리를 강변에 뻗치고 더위가 올지라도 두려워 아니하며 그 잎이 청청하며 가무는 해에도 걱정이 없고 결실이 그치지 아니함 같으리라"(렘 17:7-8).

여호와를 의지하는 사람은 복을 받습니다. 더위가 와도 두려워할 것이 없고, 가무는 해에도 걱정이 없습니다. 그 잎이 청청하고, 그 결실이 그치지 않습니다.

셋째, 하나님은 성전 되신 예수님을 통해 생수를 주십니다.

예수님이 오셔서 하신 일은 생수를 주시는 일이었습니다. 예수님은 목마른 사마리아 여인에게 생수에 대해 말씀하셨습니다. 예수님을 만난 그 여인은 남편이 다섯이나 있었지만 결코 만족하지 못하던 여인이었습니다. 사랑에 목말랐던 여인이었습니다. 그 여인에게 예수님은 생수를 약속하셨습니다.

"내가 주는 물을 먹는 자는 영원히 목마르지 아니하리니 나의 주는 물은 그 속에서 영생하도록 솟아나는 샘물이 되리라"(요 4:14).

예수님이 주신 이 생수를 마신 사마리아 여인은 변화되었습니다. 거룩해졌습니다. 인생의 목적을 깨닫고 자신이 존재하는 이유를 발견했습니다. 참된 기쁨과 참된 평강을 경험하고 솟구쳐 오르는 환희를 경험했습니다. 그리하여 결국 사마리아 여인은 동네로 돌아가서 예수님을 증거하는 복음 증거자가 되었습니다.

넷째, 예수님이 구하는 자에게 주시는 생수는 성령의 생수입니다.

하나님은 예수님을 통해 우리에게 생수를 주십니다. 그렇다면 예수님을 통해 주시는 생수는 무엇을 의미할까요? 그것은 성령님을 의미합니다.

"나를 믿는 자는 성경에 이름과 같이 그 배에서 생수의 강이 흘러나리라 하시니 이는 그를 믿는 자의 받을 성령을 가리켜 말씀하신 것이라(예수께서 아직 영광을 받지 못하신 고로 성령이 아직 저희에게 계시지 아니하시더라)"

(요 7:38-39).

예수님은 하나님이 약속하신 성령님을 아버지 하나님께 받아 우리에게 부어 주십니다. 오순절 성령강림절에 베드로가 일어나 이 사실을 증거했습니다.

"하나님이 오른손으로 예수를 높이시매 그가 약속하신 성령을 아버지께 받아서 너희 보고 듣는 이것을 부어 주셨느니라"(행 2:33).

예수님은 성령님을 아버지께 받아 오순절날 제자들에게 부어 주셨습니다. 그러므로 성령의 생수를 받아 마시기 위해 우리가 해야 할 일은 예수님에게 나아와 성령의 생수를 구하는 것입니다. 하나님은 구하는 영혼에게 생수를 주시며, 사모하는 영혼을 만족케 하십니다.

"예수께서 대답하여 가라사대 네가 만일 하나님의 선물과 또 네게 물 좀 달라 하는 이가 누구인 줄 알았더면 네가 그에게 구하였을 것

건강을 위해서 좋은 물을 마셔야 하듯, 영혼을 위해서도 좋은 물을 마셔야 합니다. 영혼을 위한 좋은 생수는 성령님입니다. 예수님은 우리에게 생수의 강, 성령님을 보내 주셨습니다.

이요 그가 생수를 네게 주었으리라"(요 4:10).

예수님은 구하는 자에게 생수를 주신다고 말씀하십니다. 생수는 살아 있는 물입니다. 물이 생명입니다. 기억하십시오. 육체의 건강도, 영혼의 건강도 물에 의해 좌우됩니다.

죽은 물을 마시지 않도록 주의하십시오. 썩은 물을 마시지 않도록 조심하십시오. 물이 죽고, 물이 썩으면 곰팡이가 생깁니다. 벌레가 생깁니다. 썩은 물은 독이 됩니다. 그 물을 마시면 병에 걸립니다. 잘못하면 생명을 잃게 됩니다.

그러나 생수를 마시면 모든 것이 새로워집니다. 생수가 임하면 시들어 가는 것이 소생합니다. 병이 치유되고 죽어 가는 것도 다시 살아납니다. 그러므로 우리는 생수를 사모해야 합니다. 성령의 생수를 날마다 마셔야 합니다. 우리가 날마다 물을 마시듯이 성령의 생수를 날마다 마셔야 합니다. 성령의 생수가 우리 몸과 영혼에 흐르게 해야 합니다. 성령의 생수가 우리가 섬기는 몸 된 교회에 흐르게 해야 합니다.

생수가 흐르는 주님의 몸 된
교회를 건강하게 세우십시오

우리가 교회에 나오는 이유는 무엇입니까? 교회는 생수가 흐르는 곳이기 때문입니다. 우리는 왜 교회를 보호하고 지켜야 할까요? 생수가 흐르는 곳이기 때문입니다. 왜 강단이 중요하고, 강단에서 말씀을 전하는 목회자가 중요할까요? 그 이유는 성전 강단에서 성령의 생수가 말씀을 통해 흘러나가기 때문입니다.

우리는 물이 고이지 않도록 해야 합니다. 물이 고이면 썩습니다. 물은 끊임없이 흘러야 합니다. 잘못된 물이 교회 안에 들어오지 않도록 해야 합니다. 잘못된 물이 들어오면 교회가 어려워지고 교회에 들어오는 사람들이 병들게 됩니다. 그러므로 좋은 물이 계속 흐르게 해야 합니다. 성령의 생수가 마음껏 흘러넘치도록 해야 합니다.

하나님의 집은 살찐 것으로 풍족해야 합니다. 교회는 충만한 곳입니다. 풍족한 곳입니다. 넘치는 곳입니다. 교회에는 복락의 강수가 흐릅니다.

"저희가 주의 집의 살찐 것으로 풍족할 것이라 주께

서 주의 복락의 강수로 마시우시리이다"(시 36:8).

주의 집의 살찐 것은 말씀의 꼴을 의미합니다. 양은 말씀의 풍성한 꼴을 먹을 때 건강하게 되고 풍성하게 됩니다. 그러므로 예배가 중요하고, 예배 중에 선포되는 하나님의 말씀이 중요합니다. 우리는 예배를 통해 하나님의 영광을 찬양하고 우리의 마음과 헌신을 드리게 됩니다. 그때 하나님은 우리에게 말씀의 풍성한 꼴을 먹여 주시는 것입니다.

주의 집에서 흐르는 복락의 강수는 기쁨의 생수를 의미합니다. 하나님이 주시는 생수를 마시면 기쁨이 충만해지고 행복해집니다. 그래서 교회가 좋은 것입니다. 그러므로 교회를 생명처럼 여겨야 하는 것입니다. 교회가 병들지 않도록 전심을 다해 힘써야 합니다. 하나님의 도우심을 구해 교회에 말씀의 생수가 흐르고, 보혈의 생수가 흐르고, 성령의 생수가 흐르도록 해야 합니다. 복락의 강수가 흘러넘치도록 해야 합니다.

목마릅니까? 예수님께 나아와 생수를 마십시오. 성령의 생수를 마시면 성령의 열매를 맺게 됩니다. 병들었습니까? 성령의 생수를 마십시오. 치유를 경험하게 될 것입니다. 하나님이 치유하시지 못할 병은 없습니다. 하나님은 마음의 병을 치유하시고 육신의 병을 치유해 주십니다. 그뿐 아니라, 하나님은 병을 치유하시는 것으로 만족하지 않으시고 풍성한 생명까지 누리도록 도와주십니다. 하나님이 주시는 생수를 통해 풍성한 복을 누리길 빕니다.

1. 성전에서 흘러나오는 신비한 생수

하나님이 약속하신 새 성전은 예수 그리스도요, 주님의 몸 된 교회입니다. 이 성전에서 성령의 생수가 흘러나옵니다.

성령의 생수는 죽어 가는 영혼을 살리며, 병든 자를 치유하며, 성령의 열매를 맺게 하고, 풍성한 생명, 풍성한 삶을 누리게 합니다. 생수의 근원 되시는 하나님께 뿌리내릴 때 형통한 삶을 살게 되며 다른 사람들을 살리는 복된 인생을 살아가게 됩니다.

그러므로 예수님을 통해 주시는 성령의 생수를 받으십시오. 간절히 사모하며 구하는 자에게 주시는 성령의 생수를 받아 마실 때 우리 영혼이 만족을 누릴 것입니다. 날마다 물을 마시듯 날마다 성령의 생수를 마셔야 합니다.

생수의 근원, 예수님에게 뿌리내리십시오

* 선한 목자, 영원한 왕 되시는 예수님은 하나님이 약속하신 새 성전입니다.
* 그리스도의 몸인 교회도 성령의 생수가 흘러나오는 오늘날의 성전입니다.
* 생수의 근원이신 예수님께 뿌리내릴 때 형통하게 됩니다.
* 하나님은 성전 되시는 예수님을 통해 생수를 주십니다.
* 성령의 생수를 받아 마시기 위해서는 예수님께 나아가 성령의 생수를 구해야 합니다.
* 생수를 마시면 모든 것이 새롭게 소생하며, 병이 치유되고, 기쁨이 충만해지고 행복해집니다.
* 하나님의 눈길은 생수가 흘러나오는 성전에 있습니다.

하나님의 은혜는 성전에서 흘러나온 생수처럼 작게,
조용히 시작되지만 결국에는 큰물같이 놀라운 역사를
일으킵니다. 그 어떤 절망이라도 희망으로 바꾸고, 그
어떤 비참한 인생이라도 형통하고 번성케 하며, 천하만
국을 치유하는 은혜의 강물이 됩니다.

2

점점 깊어지고 충만 해지는 생수의 은혜

에스겔 47:3-5

물은 답을 알고 있습니다

하나님은 생수를 주십니다. 왜 생수를 주실까요? 생수 속에 답이 있기 때문입니다. 생수는 치유하고, 살리고, 번영케 합니다. 물을 공부하면 인간에 대해 알 수 있습니다. 인간은 본래 물로 시작되었습니다. 인간 수정란의 99%가 물이라는 사실에서 우리 존재의 출발점이 대부분 물이라는 것을 알 수 있습니다. 또한 우리 몸의 70% 이상이 물입니다. 그런 의미에서 사람을 만나는 것은 물을 만나는 것이며, 사람을 대하는 것은 물을 대하는 것이라고 할 수 있습니다. 물이 바뀌면 사람이 바꿉니다. 그러므로 인간의 문제는 물의 문제입니다. 물은 인간 문제의 해답을 알고 있습니다.

물을 연구한 에모토 마사루는 「물은 답을 알고 있다」에서 그 사실을 설명합니다. 그는 물을 얼려 결정 사진을 찍는 새로운 방법으로 8년 동안 연구하던 중에 물이 답을 알고 있다는 사실을 깨닫게 됩니다.

그는 물을 연구하다가 인간이 어떻게 살아야 하는지, 또 신의 존재가 분명히 있다는 사실을 깨닫게 됩니다. 그리고 음악이 물에 끼치는 영향에 큰 충격을 받습니다. 물에게 음악을 들려주고 물의 결정 사진을 찍던 그는 물과 음악이 밀접한 관계가 있다는 것을 알게 됩니다.

베토벤의 교향곡 〈전원〉은 밝고 상쾌한 곡조에 어울리게 아름답고 잘 정돈된 결정으로 나타났습니다. 모차르트의 교향곡 40번은 아름다움에 대한 동경을 느끼게 할 정도로 깊이 있는 곡인데, 화려하고 아름다운 결정으로 나타났습니다. 결정적인 것은 쇼팽의 〈이별의 곡〉을 들려주었을 때였습니다. 놀랍게도 작고 아름다운 결정이 분리되어 나타났습니다. 아름다운 고전 음악은

제각기 다른 개성적인 아름다운 결정을 만들었습니다. 그에 비해, 분노와 반항의 언어로 가득한 헤비메탈 곡 은 결정이 제멋대로 깨어진 형태로 나타났습니다.[3]

또한 그는 물과 음악의 관계를 연구하다가 물과 언어도 밀접하게 연관되어 있음을 깨닫게 됩니다. 그래서 그는 물과 글의 관계, 즉 물과 언어의 관계를 연구하게 됩니다.

한 걸음 더 나아가 물에 글을 보여 주기로 하였습니다. 유리병에 물을 넣고, 글을 적은 종이를 물 쪽으로 붙였 습니다. '고맙습니다' 라는 글을 붙인 물과 '망할 놈' 이라는 글을 붙인 물은 어떻게 다른 결정을 보여 줄 것 인가 하고 말입니다.

물이 문자를 읽고 그 의미를 이해하여 결정의 형태 를 바꾼다는 것은 상식적으로는 있을 수 없는 일입니 다. 그러나 이미 음악 실험을 통해 자신감을 얻었기에, 신념을 가지고 실험을 진행시켰습니다. 미지의 세계로 들어가는 듯한 설렘 속에서 이루어진 실험이었습니다.

정말 놀라운 결과가 나타났습니다. '고맙습니다' 라

는 글자를 보여 준 물은 깨끗한 육각형 결정을 만들었습니다. 그에 비해 '망할 놈'이라는 글자를 보여 준 물은 헤비메탈 음악을 들려주었을 때와 마찬가지로 제멋대로 흩어져 찌그러져 있었습니다. 마찬가지로 '그렇게 해 주세요'라는 글자를 붙인 물은 잘 정돈된 결정을 보였고, '하지 못해!'라는 글자를 붙인 물은 결정도 만들어 내지 못했습니다.

이 실험을 통해 우리가 일상적으로 사용하는 말이 얼마나 소중한지 알 수 있었습니다. 긍정적인 말을 하면, 그 진동음이 물질을 좋은 성질로 바꿉니다. 부정적인 말을 하면 모든 것을 파괴의 방향으로 이끌어 갑니다.[4]

에모토 마사루는 특히 '사랑, 감사'라는 말에 나타난 물의 결정 앞에서 큰 충격을 받습니다. '사랑, 감사'라는 말을 보여 주었을 때 물은 기뻐하면서 꽃처럼 활짝 핀 모습의 결정체를 드러내었습니다. 그것은 에모토 마사루의 인생을 송두리째 바꿔 버린 아름다운 사진이었습니다. 그는 '사랑, 감사'의 물을 통해 마음이 얼마나 소중한 것이며, 의식이 세상의 모습을 바꾸는 데 얼마나 큰 영향을 끼치는지 깨닫게 됩니다. '사랑, 감사' 라는 말이 보여 준 물의 결정을 통해 배운 것을 그는 다음과 같이 기록하고 있습니다.

'사랑, 감사' 를 보여 준 물이 가장 아름다운 결정을 나타냅니다. 물론 사랑만으로도 충분히 아름다운 결정이 생기지만, '사랑, 감사' 는 거기에 고고한 품위를 더해 줍니다. 다이아몬드처럼 찬란한 빛을 발하는 것입니다. '사랑, 감사' 의 결정은 사랑의 결정보다 감사의 결정에 더 가깝다는 것을 알 수 있었습니다. 즉 감사의 파동쪽이 더 강한 힘을 발휘한다는 것입니다. 사랑이란 능동적인 에너지입니다. 무조건 마음을 던지는 것이 사랑입니다.

그에 비해 감사란 수동적인 에너지입니다. 뭔가를 받고 감사하고, 살아 있다는 것 자체를 기쁘게 여기는 것입니다. 그렇게 감사는 두 손으로 공손히 받아들이는 수동적인 행위입니다.

사랑과 감사는 양과 음의 관계입니다. 사랑을 태양이라고 한다면 감사는 달입니다. 남성이 사랑이라고 한다면 여성은 감사입니다.

그렇다면 음의 성질을 가진 감사의 에너지가 능동적인 사랑보다도 강한 힘을 발휘한다는 것은 무엇을 의미하는 것일까요? 그런 의문은 우리 인간이 어떻게 살아야 할 것인가에 소중한 암시를 던져 줍니다 ….

이제부터는 감사의 마음을 가져야 하겠습니다. 무엇보다 우리는 주어진 환경에 감사해야 합니다. 풍요로운 자연이 있는 지구에 태어난 것을 감사하고, 우리를 길러 준 물에 감사해야 합니다. 가슴 가득 맛있는 공기를 들이킬 수 있다는 것이 얼마나 대단한 일입니까. 눈을 떠 보면 세계는 감사해야 할 대상으로 가득합니다. 당신이 감사 그 자체가 되었을 때, 당신의 몸을 가득 채운 물은 한없이 깨끗해질 것입니다. 그때 당신은 빛나는 결정 그 자체가 되는 것입니다.[5]

하나님으로부터 흘러 나온 생수로 당신을 가득 채울 때, 아름다운 결정체를 지닌 물처럼 당신의 삶도 아름답고 빛날 것입니다.

에모토 마사루가 고백하지 못한 감사의 대상이 있다면 하나님입니다. 그것이 아쉽습니다. 그러나 그는 물의 연구를 통해 물과 말의 관계를 연구함으로써 하나님을 증거하고 있습니다. 하나님의 말씀 속에 담긴 "범사에 감사하라"는 말씀을 증거하고 있는 것입니다. 하나님의 말씀과 인간의 관계를 증명하고 있는 것입니다.

물을 연구하는 한 과학자가 물에 대해 관심을 가졌다면 우리는 신비로운 물, 즉 생수에 대해 관심을 가져야 합니다. 신비로운 원천인 생수를 연구해야 합니다. 성전에서 흘러나오는 신비한 생수에 대해 연구하고, 그 신비한 생수 속에 담긴 하나님의 은혜의 신비를 깨달아야 합니다. 우리가 날마다 마시는 물을 주신 하나님, 또한 영적으로 날마다 마시는 생수를 주신 하나님의 은혜를 배워야 합니다.

생수의 근원인 성전을
가까이하는 것이 지혜입니다

하나님이 부어 주시는 생수의 은혜를 받기 위해서는

생수의 근원을 추적해야 합니다. 생수가 어디로부터 흘러나오는지를 보아야 합니다. 생수가 흘러나오는 근원은 성전입니다.

"그가 나를 데리고 전 문에 이르시니 전의 전면이 동을 향하였는데 그 문지방 밑에서 물이 나와서 동으로 흐르다가 전 우편 제단 남편으로 흘러내리더라 그가 또 나를 데리고 북문으로 나가서 바깥 길로 말미암아 꺾여 동향한 바깥문에 이르시기로 본즉 물이 그 우편에서 스미어 나오더라"(겔 47:1-2).

에스겔은 성전에서 흘러나오는 물이 나중에 창일하여 헤엄할 물이요, 사람이 능히 건너지 못할 강이 되는 것을 보게 됩니다.

"다시 일천 척을 척량하시니 물이 내가 건너지 못할 강이 된지라 그 물이 창일하여 헤엄할 물이요 사람이 능히 건너지 못할 강이더라"(겔 47:5).

만일 물의 근원을 보지 못하고 생수로 충만한 강만 보는 사람이 있다면 그는 지혜로운 사람이 아닙니다. 지혜란 근본을 헤아리는 것입니다. 지혜란 근원을 추적하는 것입니다. 지혜란 원천을 아는 것이며, 원천에 머무는 능력입니다. 지혜란 현상을 보는 것이 아니라 원인을 추적하는 것입니다.

생수가 흘러나오는 근원은 성전입니다. 오늘날 우리에게 있어 성전은 교회입니다. 교회는 생수가 흘러나오는 근원입니다. 지혜로운 사람은 생수가 흘러나오는 교회를 가까이하는 사람입니다.

그렇다면 성전에서 흘러나오는 생수를 공급해 주시는 분은 누구일까요? 우리는 성전에서 흘러나오는 생수의 근원을 조금 더 추적해야 합니다. 그 근원은 바로 하나님입니다. 성전 안에 거하시는 하나님이 생수의 근원이 되십니다.

"이스라엘의 소망이신 여호와여 무릇 주를 버리는 자는 다 수치를 당할 것이라 무릇 여호와를 떠나는 자는 흙에 기록이 되오리니 이는 생수의 근원이신 여호와를 버림이니이다"(렘 17:13).

생수의 근원을 가까이하는 것은 성전을 가까이하는 것입니다. 성전을 가까이 하는 것은 생수의 근원 되시는 하나님을 가까이하는 것입니다. 우리가 사모하는 생수의 강은 하나님의 임재로부터 나옵니다. 하나님의 임재로부터 흘러나오는 생수의 강은 축복의 강입니다. 그 축복의 강이 성전에서 흘러나와 나중에는 땅을 치유하고, 바다를 치유하는 것을 보게 됩니다.

이 사실을 크리스토퍼 라이트(Christopher J. H. Wright)는 그의 책 「에스겔 강해」에서 다음과 같이 설명하고 있습니다.

강에 대해 가장 중요한 사실은 그 근원이다. 그 강은 하나님의 임재로부터 직접 나온다. 이 때문에 생명을 주고 유지할 수 있는 것이다. 그러한 것들은 마른 뼈들도 알게 되었듯 살아 계신 하나님의 선물이기 때문이다. 이전에 나왔던 이미지들과 결합할 때 추가적인 것을 알 수 있다. 우리가 보았듯이, 영구히 닫혀진 동편 문은 하나님이 그의 성전에 귀환하사 결코 다시는 떠나지 않으시리라는 것을 말해

생수의 근원 되시는 하나님을 가까이하십시오. 우리가 사모하는 생수의 강은 하나님의 임재로부터 흘러나옵니다. 거기서 흘러나온 생수가 땅과 바다를 치유하고, 세상 모든 것을 치유합니다.

주었다. 하나님은 다시 발걸음을 동쪽으로 되돌려 출구로 나가지 않으실 것이다.

하지만 그렇다고 해서 하나님이 그분의 성소 안에 갇힌다는 의미는 아니었다. 생명을 주는 하나님의 축복의 강은 이제 바로 그 문을 통해 나가 땅과 그 너머 세상으로 흘러나간다. 그리고 하나님의 생기가 '사방으로부터' 와서 죽은 군대에 다시 생명을 불어넣었던 것처럼(37:9-10), 이제 하나님의 강은 '성소로 말미암아' (12절) 나와서 죽은 땅과 바다에 다시 생명의 물을 대 준다. "이 강이 이르는 각처에 모든 것이 살"(9절) 것이기 때문이다. 그리고 생명과 함께 또한 '먹을' 것과 '약 재료'도 나올 것이다(12절).

이 두 가지는 하나님의 모든 축복 중 가장 찬미받는 것 가운데 일부이다. 그것은 마치 하나님은 "내가 온 것은 양으로 생명을 얻게 하고 더 풍성히 얻게 하려는 것이라"는 자기 아들의 말을 앞질러 말씀하고 계시는 것과도 같다.[6]

크리스토퍼 라이트가 생수의 강의 근원을 설명할 때

성전에 거하시는 하나님의 임재로 시작해서 하나님의 아들이신 예수님과 연결시킨 것은 대단히 탁월한 통찰력입니다. 그 이유는 예수님이 성전이시기 때문입니다. 예수님의 임재가 곧 성전이기 때문입니다. 예수님으로부터 생수가 나오기 때문입니다. 예수님이 생수의 근원이 되시기 때문입니다.

하나님은 이스라엘 백성들이 40년 동안 광야에서 생활할 때 반석에서 생수를 내어 마시게 하셨습니다. 성전이 세워지기 전에는 반석에서 생수를 내어 마시게 하신 것입니다. 그런데 놀라운 사실은 그 반석이 곧 그리스도라는 사실입니다.

"다 같은 신령한 음료를 마셨으니 이는 저희를 따르는 신령한 반석으로부터 마셨으매 그 반석은 곧 그리스도시라"(고전 10:4).

예수님은 생수를 주시는 반석입니다. 그 반석이신 예수님의 몸이 십자가에서 깨어질 때 그 몸에서 물과 피가 쏟아져 나왔습니다. 그 물이 생수입니다. 우리 영혼을 치유하고, 우리 생명을 풍성케 하는 생수입니다.

성경은 어떤 의미에서 강(江)의 이야기입니다. 창세

기 2장을 보면, 에덴동산에서 시작된 강이 갈라져 네 근원이 됩니다.

"강이 에덴에서 발원하여 동산을 적시고 거기서부터 갈라져 네 근원이 되었으니 첫째의 이름은 비손이라 금이 있는 하윌라 온 땅에 둘렸으며 그 땅의 금은 정금이요 그곳에는 베델리엄과 호마노도 있으며 둘째 강의 이름은 기혼이라 구스 온 땅에 둘렸고 셋째 강의 이름은 힛데겔이라 앗수르 동편으로 흐르며 넷째 강은 유브라데더라"(창 2:10-14).

에덴동산에서 흘러나오는 강은 복된 강이었습니다. 아담과 하와가 타락하기 전에 누렸던 복락의 강수였습니다. 그러나 아담과 하와가 죄를 범함으로써 에덴에서 쫓겨났습니다. 강의 근원에서 멀어지게 된 것입니다. 죄는 생수의 강이 흐르는 에덴동산에서 멀어지게 합니다. 생수의 근원으로부터 멀어지게 합니다.

이스라엘 백성이 범죄했을 때, 그들은 예루살렘 성전에서 쫓겨나 바벨론에 포로로 잡혀갔습니다. 생수의 근원인 성전과 멀어지게 된 것입니다. 성전과 멀어짐으로써 마른 뼈들이 되었던 것입니다.

그러나 하나님이 그들을 긍휼히 여기셔서 회개케 하시고 돌이키실 때, 그들의 땅이 에덴동산과 같이 될 것을 약속하십니다.

“사람이 이르기를 이 땅이 황무하더니 이제는 에덴동산같이 되었고 황량하고 적막하고 무너진 성읍들에 성벽과 거민이 있다 하리니”(겔 36:35).

또한 생명수가 흐르고 생명나무에 과실이 풍성한 에덴동산의 복을 약속하시고 계시하십니다.

“강 좌우 가에는 각종 먹을 실과나무가 자라서 그 잎이 시들지 아니하며 실과가 끊치지 아니하고 달마다 새 실과를 맺으리니 그 물이 성소로 말미암아 나옴이라 그 실과는 먹을 만하고 그 잎사귀는 약 재료가 되리라”(겔 47:12).

이 놀라운 모습이 요한계시록 마지막 장에도 나오는 것을 볼 때 감격하지 않을 수 없습니다.

“또 저가 수정같이 맑은 생명수의 강을 내게 보이니 하나님과 및 어린 양의 보좌로부터 나서 길 가운데로 흐르더라 강 좌우에 생명나무가 있어 열두 가지 실과를 맺히되 달마다 그 실과를 맺히고 그 나무 잎사귀들은 만국을 소성하기 위하여 있더라”(계 22:1-2).

교회에 나올 때 우리는 하나님과 어린 양의 보좌 앞에 나오는 것입니다. 그리고 그 보좌로부터 흘러나오는 생명수를 마시게 되는 것입니다.

우리 인간은 생수의 근원을 떠나서는 안 됩니다. 인간은 물입니다. 물을 떠나면 살 수 없습니다. 물의 원천이신 하나님을 떠나면 죽습니다. 수치를 당하게 됩니다. 메마르게 되고 황폐하게 됩니다. 생수의 근원이신 하나님을 늘 가까이하십시오. 생수의 근원이신 하나님을 가까이하면 건강하게 됩니다. 풍성하게 됩니다. 충만한 은혜를 누리게 됩니다.

신비한 생수는 아주 작게 시작됩니다

생수의 은혜를 체험하기 위해서는 신비한 생수가 아주 작게 시작된다는 사실을 알아야 합니다. 에스겔이 보았던 성전 문지방에서 흘러나온 생수는 처음에는 아주 작게 시작됩니다. 에스겔은 성전 바깥문에 이르렀을 때 물이 그 우편에서 스며 나오는 것을 발견합니다. 그 작은 물줄기가 큰 물줄기를 만들어 냅니다.

첫째, 작은 물 속에 큰 힘이 담겨 있습니다.

물은 힘이 있습니다. 물이 움직인다는 것은 거대한 힘이 움직이는 것입니다. 물 자체가 생명의 에너지입니다. 물은 엄청난 일을 일으킵니다. 작은 물속에 큰 힘이 담겨 있습니다. 작은 물방울이 계속 떨어지면 바위도 뚫습니다. 그러므로 작은 물이라고 가볍게 생각해서는 안 됩니다. 흐르는 물도 무섭지만, 땅에서 솟아오르는 물의 힘도 무섭습니다.

우리는 작은 것을 소홀히 하지 않아야 합니다. 작은 물, 작은 생각, 작은 사랑, 작은 충성, 그리고 작은 헌신 그 모든 것이 귀한 것입니다. 모든 큰 것은 작은 것에서 시작됩니다. 큰 바다도 작은 물방울에서 시작됩니다. 작은 물이 모여 내를 이루고, 내가 모여 강을 이루고, 강이 모여 바다를 이루는 것입니다.

하나님의 나라는 작은 물방울의 나라입니다. 작은 겨자씨의 나라입니다. 모든 것이 작게 시작됩니다. 조용히 시작됩니다. 그러나 작은 것이 점점 자라 어마어마하게 커져 갑니다. 마치 작은 누룩이 점점 영향을 미쳐 반죽 전체에 스며드는 것과 같습니다.

그러므로 작은 물을 하찮게 생각하지 마십시오. 작은 물처럼 역사하시는 성령님의 역사를 쉽게 여기지 마십시오. 그 속에 엄청난 잠재력이 담겨 있습니다. A. B. 심슨은 작은 물속에 담긴 잠재된 은혜를 다음과 같이 증거합니다.

에스겔의 강물에 관해서 우리가 주목해야 할 첫 번째 사실은 그 강이 겉으로 보기에는 하찮아 보인다는 사실입니다. 이 구절에서 '나와서(issue)'라고 번역된 단어는 문자적으로는 '조금씩 똑똑 떨어져서(trickle)'라는 의미입니다. 즉 물 몇 방울이 조그마한 틈을 따라 흘러내리는 모습이기 때문에 그 물줄기는 강이라고 부를 수도 없을 정도입니다.

성령의 역사는 처음에는 희미해서 거의 느낄 수 없을 때가 종종 있습니다. 그러나 하나님의 조그마한 손길이 비록 희미하게 느껴질지라도, 우리는 그분 자신이 그 모든 임재와 역사 뒤에 계시다는 사실을 잊지 말아야 합니다. 그러므로 우리는 영적인 삶과 하나님의 은총이 희미한 첫 손길들을 간직해야 합니다. 그렇게 하면 머지않아 "우리가 힘써 여호와를 알려고만 하면 여호와를 알게 될 것"(호 6:3)입니다.[7]

둘째, 물은 길을 따라 흐릅니다.

물은 형태가 없습니다. 그래서 길을 따라 흘러갑니다. 물은 작은 길이라도 나면 그 길을 이용합니다.

우리 몸 안에 흐르는 물도 길을 따라 흐릅니다. 즉 혈관을 따라 혈액이 흐릅니다. 피도 물입니다. 피가 흐를 때 그냥 흐르지 않고 몸속의 길인 혈관을 따라 흐릅니다. 하나님이 만들어 놓으신 시스템을 따라, 조직을 따라 흘러갑니다.

몸의 조직에 문제가 생기면 병이 생깁니다. 조직에 문제가 있다는 것은 길에 문제가 생겼다는 것입니다. 즉 생명이 흘러가는 길에 문제가 생겼다는 것입니다. 길이 막힐 때 몸에 병이 생깁니다. 길이 막힐 때 흐름이 막히고, 흐름이 막힐 때 고통이 시작됩니다. 흐름이 막히면 모든 것은 썩기 시작합니다.

물은 길을 사랑합니다. 길을 존귀히 여깁니다. 길 가운데 길은 무슨 길일까요? 바로 예수님입니다. 예수님은 길이 되십니다. 예수님은 생수의 강이 흘러내리는 길입니다.

"예수께서 가라사대 내가 곧 길이요 진리요 생명이니 나로 말미암지 않고는 아버지께로 올 자가 없느니라"(요 14:6).

예수님을 만나면 길을 알게 됩니다. 길이 통하게 됩니다. 인생의 막힌 길도 예수님을 만나면 뚫리고 앞이 훤히 보입니다. 예수님이 길을 보여 주시고 열어 주십니다. 예수님을 통하지 않고는 하나님 아버지께 갈 자가 없습니다. 통해야 삽니다. 누구를 통해야 살까요? 예수님을 통해야 살 수 있습니다.

물은 길 되신 예수님을 사랑합니다. 그 길을 따라 흐르는 것을 최고의 기쁨이요, 최고의 영광으로 압니다. 물을 안다는 것은 길을 안다는 것입니다. 물을 안다는 것은 길 되시는 예수님을 안다는 것입니다.

셋째, 물은 새로운 길을 만듭니다.

물은 길을 따라 움직이지만, 때로는 길을 만들기도 합니다. 길을 따라 흐르다가 막히면 기다립니다. 물이 모여 새로운 길을 만들 수 있을 때까지 조용히 기다립니다. 그래서 물이 무서운 것입니다.

조용히 멈추어 있는 물을 가볍게 대해서는 안 됩니다. 조용히 있다고 조용히 있는 것이 아닙니다. 조용히 힘을 키우고 있는 것입니다. 큰 물결을 만들고, 큰 흐름을 만들고 있는 것입니다. 그렇게 힘을 모으다가 어느 날, 어느 순간 막힌 길을 뚫어 버립니다. 그리고 새로운 길을 만듭니다.

예수님은 물처럼 사셨습니다. 조용히 때를 기다리셨습니다. 기다리고 기다리는 중에 조용히 하나님이 주시는 힘을 키우셨습니다. 사람들은 예수님이 가시는 길을 막으려고 예수님을 십자가에서 죽였지만, 예수님은 사흘 만에 다시 살아나심으로써 십자가를 통해 새로운 길을 만드셨습니다. 십자가를 보십시오. 십자가는 길입니다. 위로는 하나님과 통하고, 옆으로는 사람과 사람이 통하는 길입니다.

지금 당신의 길이 막혀 아무것도 하지 못한 채 기다리고 있습니까? 낙심해서는 안 됩니다. 낙심하지 말고 조용히 기다리십시오. 하나님의 때가 분명히 찾아옵니다. 조용히 힘을 키우십시오. 작은 물방울이 모여 내를 이루고 강을 이루듯이, 그리고 바다가 되듯이 조용히 힘을 키우십시오. 어느 날, 어느 순간 막힌 길을 뚫고 새로운 길을 만들어 나가는 놀라운 역사를 경험하게 될 것입니다.

하나님은 이사야 선지자를 통해 우리에게 길을 내주겠다고 약속하셨습니다. 그곳이 광야든, 사막이든 상관없이 길을 내주겠다고 약속하셨습니다.

"보라 내가 새 일을 행하리니 이제 나타낼 것이라 너희가 그것을 알지 못하겠느냐 정녕히 내가 광야에 길과 사막에 강을 내리니 장차 들짐승 곧 시랑과 및 타조도 나를 존경할 것은 내가 광야에 물들을 사막에 강들을 내어 내 백성 나의 택한 자로 마시게 할 것임이라"(사 43:19 –20).

예수님은 친히 길이 되시고, 길을 인도해 주기도 하십니다. 그리고 새 길을 만들어 주십니다. 그래서 예수님이 길이 되시는 것입니다. 그러므로 길을 따라 가는 것이 사는 길입니다. 거대한 물이 흐를 때 그 물과 싸우지 마십시오. 물과 싸우면 죽습니다. 물은 거역하거나 싸우는 것을 용납하지 않습니다.

물은 자신에게 순복하는 모든 것을 살립니다. 풍성한 생명을 누리도록 도와줍니다. 생수의 근원이신 하나님, 물처럼 역사하시는 하나님을 거역하지 마십시오. 거대한 물처럼 역사하시는 하나님께 순복하십시오. 하나님은 당신에게 필요한 풍성한 생명을 허락해 주실 것입니다.

넷째, 물은 새 역사를 창조합니다.

물이 임하는 곳에는 변화가 일어납니다. 물이 지나간 자리에 변화가 생깁니다. 물은 죽은 것을 살립니다. 시들어 가는 것을 회복시킵니다. 열매 맺지 못하는 나무가 열매 맺게 합니다.

하나님은 물을 통해 새 역사가 창조되는 것을 보게 하시려고 에스겔로 하여금 물을 건너게 하십니다. 물을 건넘으로써 새 역사가 창조되는 것을 보게 하십니다.

"그 사람이 손에 줄을 잡고 동으로 나아가며 일천 척을 척량한 후에 나로 그 물을 건너게 하시니 물이 발목에 오르더니"(겔 47:3).

물을 건너면 새 역사가 창조됩니다. 바다를 통과하고 강을 통과할 때 새 역사가 창조됩니다. 이스라엘 백성들이 애굽에서 나와 홍해를 통과할 때 새 역사가 창조되었습니다. 이스라엘 백성들이 광야에서 나와 요단 강을 건널 때 새 역사가 일어났습니다.

새 역사를 창조하기 위해서는 물을 통과해야 합니다. 어려운 강을 건너야 합니다. 강을 통과할 때 두려움이 찾아올 수 있습니다. 그러나 하나님은 새 역사를 창조하기 위해 강을 통과하는 사람들을 보호해 주십니다. 하나님은 두려워 말라고 말씀하시며, 강을 통과할 때 함께해 주겠다고 약속하십니다.

"야곱아 너를 창조하신 여호와께서 이제 말씀하시느니라 이스라엘아 너를 조성하신 자가 이제 말씀하시느니라 너는 두려워 말라 내가 너를 구속하였고 내가

너를 지명하여 불렀나니 너는 내 것이라 네가 물 가운데
로 지날 때에 내가 함께할 것이라 강을 건널 때에 물이
너를 침몰치 못할 것이며 네가 불 가운데로 행할 때에
타지도 아니할 것이요 불꽃이 너를 사르지도 못하리니”
(사 43:1-2).

물을 통과하는 것을 두려워하지 마십시오. 불 가운데
로 행하는 것을 겁내지 마십시오. 하나님이 동행하십니
다. 물을 통과하면 새로운 길이 기다립니다. 새 땅이 기
다립니다. 새 역사가 기다립니다.

신비한 생수는
점점 깊어지고 충만해집니다

신비한 생수는 작게 시작됩니다. 그러나 점점 깊어지
고 충만해집니다.

“그 사람이 손에 줄을 잡고 동으로 나아가며 일천 척
을 척량한 후에 나로 그 물을 건너게 하시니 물이 발목
에 오르더니 다시 일천 척을 척량하고 나로 물을 건너게
하시니 물이 무릎에 오르고 다시 일천 척을 척량하고 나

로 물을 건너게 하시니 물이 허리에 오르고 다시 일천 척을 척량하시니 물이 내가 건너지 못할 강이 된지라 그 물이 창일하여 헤엄할 물이요 사람이 능히 건너지 못할 강이더라"(겔 47:3-5).

작은 물줄기로 시작된 생수의 강이 점점 깊어지고 점점 충만해지고 있습니다. 물이 에스겔의 발목에 오르더니 무릎에 오르고 허리에 오르게 됩니다. 나중에는 건너지 못할 만큼 깊은 강이 됩니다. 온몸을 덮을 만큼 물이 충만해집니다.

에스겔의 몸에 물이 점점 충만해지는 단계를 통해 우리는 신앙의 네 가지 단계를 깨달을 수 있습니다.

성령의 생수를 경험하는 신앙의 네 가지 단계

첫째, 하나님과 동행하는 발목의 단계가 있습니다.

우리가 예수님을 믿게 되는 초기 단계는 발목의 단계입니다.

"그 사람이 손에 줄을 잡고 동으로 나아가며 일천 척을 척량한 후에 나로 그 물을 건너게 하시니 물이 발목에 오르더니”(겔 47:3).

발목의 단계는 신앙의 초기 단계입니다. 즉 발목만 교회에 붙잡혀 있는 단계입니다. 누군가에게 발목 잡혀서 교회에 나오는 사람들이 있습니다. 혼자 힘으로 못 나오고 아내에게 발목 잡히고, 자녀에게 발목 잡히고, 친구 때문에 발목 잡혀 나오는 사람들이 있습니다. 즉 스스로 움직이기보다 누군가의 권유로 신앙생활을 하는 단계입니다.

물론 이 단계에서도 하나님과 동행하는 모습을 보이는 사람이 있습니다. 때로 전도도 하고 복음을 전하는 아름다운 발과 같은 역할을 하기도 합니다. 주위를 둘러보면 어떤 분은 예수님을 믿는 순간부터 전도하는 분이 있습니다. 정말 아름다운 일입니다. 그러나 여기에 머물러서는 안 됩니다. 조금 더 깊은 단계로 들어가야 합니다.

둘째, 하나님께 기도하는 무릎의 단계가 있습니다.
무릎까지 물이 오르는 단계는 기도하는 단계입니다.
“다시 일천 척을 척량하고 나로 물을 건너게 하시니 물이 무릎에 오르고 다시 일천 척을 척량하고 나로 물을 건너게 하시니 물이 허리에 오르고"(겔 47:4).

무릎의 단계에 오른 사람은 신앙이 깊어진 단계입니다. 성경에서 무릎은 기도를 말합니다. 성경은 기도하는 사람의 모습을 무릎을 꿇고 기도하는 모습으로 기록하고 있습니다. 다니엘도 기도할 때 무릎을 꿇고 기도했습니다.

"다니엘이 이 조서에 어인이 찍힌 것을 알고도 자기 집에 돌아가서는 그 방의 예루살렘으로 향하여 열린 창에서 전에 행하던 대로 하루 세 번씩 무릎을 꿇고 기도하며 그 하나님께 감사하였더라"(단 6:10).

예수님도 기도하실 때 무릎을 꿇고 기도하셨습니다.

"저희를 떠나 돌 던질 만큼 가서 무릎을 꿇고 기도하여"(눅 22:41).

하나님께 날마다 기도하는 사람은 무릎의 단계에 이른 사람입니다. 하나님은 무릎으로 사는 사람을 사랑하십니다. 존귀하게 여기시고 보배롭게 사용하십니다. 무릎을 꿇는 사람은 하나님의 마음을 움직입니다. 무릎을 꿇을 때 천군 천사가 동원되고, 무릎을 꿇을 때 마귀가 벌벌 떱니다. 무릎을 꿇을 때 하나님의 능력이 위로부터 임하고 영적 전쟁에서 승리하게 됩니다.

셋째, 하나님을 위해 능력으로 일하는 허리의 단계가 있습니다.

물이 허리까지 오른 단계는 상당히 신앙이 깊어진 단계입니다.

"다시 일천 척을 척량하고 나로 물을 건너게 하시니 물이 무릎에 오르고 다시 일천 척을 척량하고 나로 물을 건너게 하시니 물이 허리에 오르고"(겔 47:4).

허리는 힘을 상징합니다. 허리를 다치면 힘을 쓸 수 없습니다. 꼼짝할 수가 없습니다. 허리가 강하면 힘이 셉니다. 그런데 하나님이 제일 싫어하는 것이 육신의 힘을 의지하는 것입니다. 반대로, 제일 좋아하시는 것은 성령의 힘을 의지하는 것입니다. 생수가 허리까지 올랐다는 것은 성령의 능력으로 일하고, 성령의 능력으로 섬기는 것을 의미합니다.

물이 허리에 이른 사람의 신앙은 허리를 하나님께 드린 사람입니다. 즉 자신의 허리의 힘, 곧 육신의 힘을 의지하지 않고 온전히 성령님이 주시는 힘으로 살겠다고 헌신한 사람입니다.

예수님은 베드로를 만나셔서 "내 양을 먹이라"고 말

씀하신 후에 아주 중요한 말씀을 하십니다.

"내가 진실로 진실로 네게 이르노니 젊어서는 네가 스스로 띠 띠고 원하는 곳으로 다녔거니와 늙어서는 네 팔을 벌리리니 남이 네게 띠 띠우고 원치 아니하는 곳으로 데려가리라"(요 21:18).

두 팔을 벌린다는 것은 허리를 내어 주는 것입니다. 베드로가 두 팔을 벌릴 때 하나님이 그에게 능력으로 띠를 띠어 주셨습니다. 성령 충만 받은 날 베드로는 성령의 능력으로 일하게 되었습니다. 우리의 힘으로는 영적 전쟁에서 승리할 수 없습니다. 성령의 능력으로 띠를 띠어야 합니다. 그때 우리는 영적 전쟁에서 승리할 수 있습니다.

또한 우리가 성령의 능력으로 허리를 동일 때 섬기는 삶을 살 수 있습니다. 예수님은 제자들을 섬겨 발을 씻겨 주시기 위해 수건을 허리에 두르셨습니다. 그리고 두르신 수건으로 제자들의 발을 씻겨 주셨습니다.

"저녁 잡수시던 자리에서 일어나 겉옷을 벗고 수건을 가져다가 허리에 두르시고 이에 대야에 물을 담아 제자들의 발을 씻기시고 그 두르신 수건으로 씻기기를 시작하여"(요 13:4-5).

성령 충만한 사람은 그 허리에 수건을 두르게 됩니다. 성령의 능력을 받으면 섬기는 삶을 살게 됩니다. 섬기기 위해서는 힘이 필요합니다. 그러나 육신의 힘으로는 섬길 수가 없습니다. 오직 성령의 힘으로 할 때 섬길 수 있습니다. 성령의 힘으로 할 때 기쁨으로 섬길 수 있습니다.

넷째, 하나님을 위해 온전히 헌신하는 온몸의 단계가 있습니다.

신앙의 마지막 단계는 성령의 강이 온몸 그리고 머리까지 충만해지는 것입니다.

"다시 일천 척을 척량하시니 물이 내가 건너지 못할 강이 된지라 그 물이 창일하여 헤엄할 물이요 사람이 능히 건너지 못할 강이더라"(겔 47:5).

이 단계는 성령 충만의 단계입니다. 성령님이 우리의 마음과 생각까지 주관하시는 단계입니다. 육의 생각을 버리고 영의 생각을 하는 단계입니다. 마음을 다하여 하나님을 사랑하는 단계입니다. 생각이 성령님의 인도하심을 따름으로써 모든 이론과 생각을 그리스도에게 사로잡아 오는 단계입니다.

이 단계에서 우리의 삶은 온전히 하나님 안에 잠기게 됩니다. 하나님의 충만한 임재 안에서 그 영광을 바라보며 기뻐하게 됩니다. 말이나 일이나 무슨 일을 하든지 예수님의 이름으로, 성령님의 능력을 따라 하게 됩니다. 그래서 성령의 열매가 자연스럽게 맺히게 됩니다.

사도 바울이 말한 성령 충만한 단계가 이 단계입니다. 시와 찬미와 신령한 노래를 부르게 되고, 항상 하나님 아버지께 감사하게 됩니다.

"술 취하지 말라 이는 방탕한 것이니 오직 성령의 충만을 받으라 시와 찬미와 신령한 노래들로 서로 화답하며 너희의 마음으로 주께 노래하며 찬송하며 범사에 우리 주 예수 그리스도의 이름으로 항상 아버지 하나님께 감사하며"(엡5:18-20).

이 단계가 바로 물이 가장 좋아한다는 감사가 넘치는 단계

> 생수의 은혜가 충만한 단계는 성령님이 우리 모든 것을 주관하시는 단계입니다. 육의 생각을 버리고 영의 생각을 하며, 마음과 뜻을 다해 하나님을 사랑하는 단계입니다.

입니다. 우리 몸은 물로 되어 있습니다. 그런 까닭에 감사할 때 우리 몸이 건강해집니다. 가장 건강한 상태, 구김살 없는 상태가 됩니다. 영혼은 깊은 안식 속에 들어가고, 깊은 깨달음 속에 들어가게 됩니다. 말씀으로 충만해지고, 하나님의 은혜로 충만한 단계 속에 들어가게 됩니다. 이는 예수님을 닮은 모습입니다. 예수님의 인격과 지혜가 그 사람의 영혼 속에 넘치게 됩니다.

우리 모두는 이 단계를 사모하며 살아야 합니다. 그리고 머지않은 날 이 단계 속에 들어가게 될 것입니다.

점점 깊고 충만한 은혜 속으로 들어가십시오

생수의 은혜는 처음에는 아주 작게 시작됩니다. 그러나 점점 깊고 충만해집니다. 하나님은 우리를 깊은 바다로 초청하십니다.

"주의 폭포 소리에 깊은 바다가 서로 부르며 주의 파도와 물결이 나를 엄몰하도소이다"(시 42:7).

자연의 파도와 물결이 우리를 엄몰하면 죽습니다. 그

러나 주의 파도와 물결이 우리를 엄몰하면 우리는 충만
해집니다. 깊은 은혜의 바다 속에서 춤추게 됩니다. 파도
를 타게 됩니다. 파도를 타면 은혜의 춤을 추게 됩니다.
주의 파도는 은혜의 파도입니다. 주의 물결은 축복의 물
결입니다.

물 속에 답이 있습니다. 물과 음악, 물과 언어는 밀접
한 관계가 있습니다. 사랑한다고 말하십시오. 범사에 감
사하십시오. 작은 물도 소홀히 하지 마십시오. 작은 은
혜, 작은 성령의 체험도 소홀히 하지 마십시오. 바로 거
기에서 놀라운 은혜가 시작되는 것입니다.

물은 힘이 있습니다. 물은 길을
따라 움직입니다. 물은 길을
만들며 새 역사를 창조합니
다. 물을 건너는 것을 두
려워하지 마십시오. 이스
라엘 백성들이 하나님의
인도하심으로 홍해를 통
과하듯이, 요단강을 건너듯
이, 우리 앞에 놓여진 강을 통과

작은 물, 즉 작은 은혜, 작
은 성령의 체험도 소홀히 하지
마십시오. 거기서 놀라운
은혜가 시작됩니다.

해야 합니다. 그때 우리는 새 역사를 창조하게 됩니다.

깊은 은혜의 바다 속으로 들어가십시오. 발목의 단계에서 무릎의 단계로, 무릎의 단계에서 허리의 단계로, 허리의 단계에서 가슴과 머리의 단계에 이르도록 하십시오. 온몸이 성령의 생수로 충만해지도록 하십시오.

생수의 강이 흘러나오는 성전을 가까이하십시오.

성전에 거하시는 하나님을 가까이하십시오.

살아 계신 성전이신 예수님을 가까이하십시오.

생수의 길이 되시고, 길을 내어 주시는 예수님을 가까이하십시오.

생수의 깊은 바다 속으로 빠져 들기 원하는 당신 위에 하나님의 축복이 넘치길 빕니다.

2. 점점 깊어지고 충만해지는 생수의 은혜

성전에서 흘러나온 물이 점점 깊어지는 모습에서, 작게 시작하지만 점점 깊어지고 충만해지는 성령의 생수를 경험하는 신앙의 단계를 살펴볼 수 있습니다.

첫째, 하나님과 동행하는 발목의 단계는 신앙의 초기단계로, 발목만 교회에 붙잡혀 있는 단계입니다.

둘째, 하나님께 날마다 기도하는 무릎의 단계에 이르면, 기도할 때 하나님의 능력이 위로부터 임하고 영적 전쟁에서 승리합니다.

셋째, 생수가 허리까지 오르는 단계에 이르면 성령의 능력으로 일하며 섬기는 삶을 살게 됩니다.

넷째, 신앙의 마지막 단계는 성령의 강에 온 몸이 잠기는 성령 충만의 단계로서, 하나님을 위해 온전히 헌신하는 단계입니다. 성령님이 우리 마음과 생각까지 주관하시고, 우리의 삶이 온전히 성령님의 인도를 받으므로 감사와 찬양이 넘치는 단계입니다.

"길 되신 예수님을 만나면 막혔던 인생길도 환히 열립니다"

* 작은 물방울이 바위를 뚫듯 작은 생각, 작은 헌신 등 작은 것 속에 큰 힘이 담겨 있습니다.

* 하나님의 나라도 겨자씨처럼 작게 시작되지만 그 속에 엄청난 잠재력을 담고 있습니다.

* 물이 길을 따라 흐르는 것처럼 길 되신 예수님을 따라가야 합니다. 예수님을 만나면 인생의 막힌 길이 열립니다.

* 길이 막히면 조용히 기다리며 힘을 키웠다가 어느 순간 막힌 길을 뚫고 새 길을 만드는 물처럼, 인생길이 막혀 아무것도 할 수 없다면 조용히 하나님의 때를 기다리며 힘을 키우십시오. 그러다 보면 어느 날 새 길을 만들어 나가는 놀라운 역사를 경험하게 됩니다.

* 물이 지나간 뒤에 생물들이 살아나듯 어려운 강을 건넌 뒤에 풍성한 열매를 맺게 됩니다.

* 생수의 근원인 성전을 가까이하는 것이 지혜입니다.

치유하시는 하나님은 절망의 골짜기에서, 절망의 광야에서 생수를 부어 주십니다. 절망의 광야에 샘물이 솟고 시내가 흐르게 하십니다. 그러므로 낙심하지 마십시오. 어느 순간 하나님이 놀라운 역사를 일으키실 것입니다.

3

절망을 희망으로 바꾸는
생수의 은혜

에스겔 47:6-8

생수의 근원에서 흘러나온 물은 영원히 흐릅니다

물은 답을 알고 있습니다. 물을 알면 인생을 알 수 있습니다. 물의 이치를 알면 자연의 이치를 알게 되고 인생의 이치를 깨닫게 됩니다. 더욱이 물을 알면 영원을 알게 됩니다. 물이 영원하신 하나님으로부터 온 것이기에 물을 알면 영원을 알게 되는 것입니다.

생수의 강은 성전에서 시작되었습니다. 생수의 근원은 성전에 거하시는 하나님입니다. 하나님은 생수의 근원이시요, 생수의 원천이십니다.

"이스라엘의 소망이신 여호와여 무릇 주를 버리는 자는

다 수치를 당할 것이라 무릇 여호와를 떠나는 자는 흙에 기록이 되오리니 이는 생수의 근원이신 여호와를 버림이니이다"(렘 17:13).

지혜로운 사람은 원천을 알고 원천으로 돌아갑니다. 지혜로운 사람은 원천에 머물 줄 아는 사람입니다. 원천 중의 원천은 하나님입니다. 그러므로 우리는 거듭 하나님께로 돌아가야 합니다. 하나님을 아는 자가 가장 지혜로운 자이며 하나님께 머무는 자가 가장 지혜로운 자입니다.

우리가 어느 위치에 있든지 하나님께로 돌아가면 희망이 있습니다. 하나님께로 돌아갈 때 살 길이 보입니다. 살 길이 열립니다. 하나님은 살리시는 분입니다. 성령 하나님은 살리십니다.

"살리는 것은 영이니 육은 무익하니라 내가 너희에게 이른 말이 영이요 생명이라"(요 6:63).

하나님을 아는 자가 가장 지혜로운 자이며 하나님께 머무는 자가 가장 지혜로운 자입니다. 하나님께 가면 우리를 살리는 생수를 언제나 마실 수 있습니다.

하나님께로 돌아가면 우리를 살리시는 생수를 언제나 마실 수 있습니다. 하나님께로부터 나오는 생수는 마르지 않습니다. 세상 모든 물의 근원이 다 말라도 하나님의 생수는 마르는 법이 없습니다. 생수의 근원이신 하나님께로부터 흘러나온 물은 영원히 흐릅니다.

에스겔 47장에 나오는 생수는 성전 되신 예수님의 몸에서 흘러나온 것입니다. 예수님의 몸에서 흘러나온 생수는 예수님의 몸 된 교회에서 흘러나옵니다. 즉 교회는 생수가 흘러나오는 곳입니다. 교회에서 흘러나온 생수는 요한계시록 22장에서 그 절정을 이룹니다.

"또 저가 수정같이 맑은 생명수의 강을 내게 보이니 하나님과 및 어린 양의 보좌로부터 나서 길 가운데로 흐르더라 강 좌우에 생명나무가 있어 열두 가지 실과를 맺히되 달마다 그 실과를 맺히고 그 나무 잎사귀들은 만국을 소성하기 위하여 있더라"(계 22:1-2).

요한계시록 22장 17절에서는 성령과 신부 곧 교회가 값없이 생명수를 받으라고 초청합니다.

"성령과 신부가 말씀하시기를 오라 하시는도다 듣는 자도 오라 할 것이요 목마른 자도 올 것이요 또 원하는 자는 값없이 생명수를 받으라 하시더라"(계 22:17).

하나님은 오늘도 우리를 초청하십니다. 목마른 자들을 부르십니다. 생명수를 원하는 자들을 초청하십니다. 목마릅니까? 생수의 강으로 나아와 값없이 생명수를 받으십시오. 하나님은 차별하지 않으십니다. 하나님은 차별 없이 생수의 은혜를 베풀어 주십니다. 누구든지 목마른 자는 마실 수 있습니다. 누구든지 원하는 자는 마실 수 있습니다. 생수의 강을 마시는 사람은 생수의 근원이신 하나님을 경험하게 됩니다. 하나님을 닮게 됩니다.

물은 스며듭니다. 물은 변화시킵니다. 성령님이 주시는 생수를 마시면 성령의 열매를 맺게 됩니다. 하나님의 성품을 알고 배우며 닮아 가게 됩니다.

생수의 강을 통해 하나님의 성품을
배우게 됩니다

물은 하나님의 성품을 닮았습니다. 우리는 물입니다. 우리는 물에서 왔습니다. 곧 물의 원천이신 하나님께로부터 왔습니다. 그래서 우리는 물을 알아야 하고 물처럼 살아야 합니다. 그때 가장 자연스럽고 가장 충만한 삶을 살게 됩니다. 가장 복되고 승리하는 삶을 살게 되며, 가장 풍성한 열매를 맺게 됩니다.

에스겔이 점점 깊어지고 충만해진 강에서 나와 본 것은 강 좌우편에 심히 많은 나무였습니다.

"그가 내게 이르시되 인자야 네가 이것을 보았느냐 하시고 나를 인도하여 강가로 돌아가게 하시기로 내가 돌아간즉 강 좌우편에 나무가 심히 많더라"(겔 47:6-7).

그런데 에스겔이 본 나무들에게 문제가 있었습니다. 그 나무들의 문제는 실과가 없다는 것입니다. 에스겔은 나무에서 실과를 볼 수 없었습니다.

에스겔 47장 7절에 나오는 나무와 12절에 나오는 나무는 아주 대조적입니다.

"강 좌우 가에는 각종 먹을 실과나무가 자라서 그 잎이 시들지 아니하며 실과가 끊치지 아니하고 달마다 새 실과를 맺으리니 그 물이 성소로 말미암아 나옴이라 그 실과는 먹을 만하고 그 잎사귀는 약 재료가 되리라”(겔 47:12).

나무가 아무리 많아도 과실이 없으면 그 나무는 거의 쓸모가 없는 것입니다. 마치 골짜기에 있던 마른 뼈들과 다를 바가 없습니다.

에스겔이 살던 시대 이스라엘 백성들의 모습이 그러했습니다. 생수의 근원 되신 하나님을 떠나 있었기에 그들은 병들어 있었습니다. 쓸모없는 나무가 되어 있었던 것입니다. 예수님은 “그 열매로 그 나무를 알지니라”고 말씀하셨는데, 그들은 열매 없는 나무가 되어 있었습니다. 그래서 하나님이 그들을 불쌍히 여기셔서 그들을 치유하기로 작정하신 것입니다.

풍성한 열매를 맺기 위해서는 생수의 근원이신 하나님께 뿌리를 내려야 합니다. 또한 생수의 근원이신 하나님처럼 살아야 합니다. 그때 우리는 풍성한 열매를 맺게 됩니다.

첫째, 물은 겸손히 위에서 아래로 흐릅니다.

물은 겸손합니다. 물은 낮은 곳을 사랑하며 낮은 곳을

향해 흐릅니다.

"그가 내게 이르시되 이 물이 동방으로 향하여 흘러 아라바로 내려가서 바다에 이르리니 이 흘러내리는 물로 그 바다의 물이 소성함을 얻을지라"(겔 47:8).

물은 흘러 내려갑니다. 위에서 아래로 흘러 내려갑니다. 위에서 아래로 내려가는 물 같으신 분이 하나님입니다. 예수님은 하늘 보좌를 버리시고 이 땅에 내려오셨습니다. 예수님은 자신을 낮추셨습니다. 말구유에 낮추셨고, 십자가에 자신을 낮추셨습니다. 예수님의 아름다움은 자신을 낮추신 아름다움입니다.

그러나 마귀는 높은 곳을 좋아합니다. 높은 곳으로 우리를 유혹합니다. 마귀가 예수님을 유혹한 위치는 모두 높은 곳이었습니다.

"이에 마귀가 예수를 거룩한 성으로 데려다가 성전 꼭대기에 세우고"(마 4:5).

"마귀가 또 그를 데리고 지극히 높은 산으로 가서 천하만국과 그 영광을 보여(마 4:8).

마귀는 성전 꼭대기에 세우고 유혹합니다. 지극히 높은 산에서 천하만국과 그 영광을 보여 주면서 유혹합니다. 자신에게 경배하면 모든 것을 주겠다며 유혹합니다. "가로되 만일 내게 엎드려 경배하면 이 모든 것을 네게 주리라"(마 4:9).

높은 곳을 탐하지 마십시오. 가장 위험한 곳입니다. 교만은 패망의 선봉입니다. "교만은 패망의 선봉이요 거만한 마음은 넘어짐의 앞잡이니라"(잠 16:18).

자신을 낮추면 살지만 스스로를 높이면 패망합니다. 거만하면 넘어지게 됩니다. 하나님은 교만한 자를 대적하시고 겸손한 자를 존귀케 하십니다.

"여호와를 경외하는 것은 지혜의 훈계라 겸손은 존귀의 앞잡이니라"(잠 15:33).

자신을 낮추면 하나님이 붙잡아 주십니다. 붙잡아 주실 뿐 아니라 재물과 영광과 생명을 넘치도록 부어 주십니다.

"겸손과 여호와를 경외함의 보응은 재물과 영광과 생명이니라"(잠 22:4).

교만과 오만은 모든 것을 다 잃게 합니다. 아무리 열심히 세운 것도 한순간에 무너지게 합니다. 교만한 사람은 자족할 줄 모릅니다. 더 많은 것을 요구하고 더 많은 세력을 확보하려고 합니다. 그러다 어느 순간, 자신이 소유한 것까지 다 잃게 됩니다.

그러나 겸손하면 모든 것이 회복됩니다. 부족한 채 살기로 작정한 겸손한 사람은 하나님의 부요하심으로 차고 넘치게 됩니다. 행복하게 사는 길은 겸손히 자신을 낮추는 것입니다. 자신을 조금만 낮추면 편해지고 안전해집니다. 낮은 데 있는 사람은 넘어질 염려가 없습니다. 조금만 낮추면 감사가 넘치고 행복해집니다. 사랑받게 됩니다. 그래서 겸손보다 좋은 것이 없는 것입니다.

둘째, 물은 온유하지만 끈기가 있습니다.

물은 온유합니다. 잘 싸우지 않습니다. 막히면 기다립니다. 물은 온유할 뿐만 아니라 유연합니다. 물은 변화에 적응을 잘합니다. 둥근 그릇에 담으면 둥근 모양이 되고 각진 그릇에 담으면 각진 모양이 됩니다. 물은 상대를 거스르지 않으면서 상대방에게 자신을 맞출 줄 압니다. 얼마든지 자신의 모습을 바꿀 수 있는 유연성을 지니고 있습니다.

예수님은 하나님이시면서 인간의 몸을 입고 이 땅에

오셨습니다. 예수님의 성육신은 예수님의 유연성을 보여 줍니다.

그러나 물은 유연하다고 해서 자신의 본질을 포기하지 않습니다. 물이 그릇에 따라 자신의 모양을 바꾸었다고 자신의 본질을 바꾼 것은 아닙니다. 물의 유연함은 타협이 아닙니다.

생수의 근원 되시는 예수님도 유연하셨지만 타협하지는 않으셨습니다. 예수님은 결코 본질을 상실하지 않으셨습니다. 예수님은 죄인들을 사랑하셨지만 죄가 없으셨습니다. 죄인들의 죄를 용서하시고, 오히려 그들을 변화시키셨습니다.

온유함은 약해 보일지 모릅니다. 그러나 온유함은 약함이 아닙니다. 그 속에는 강함이 감추어져 있습니다. 물은 약해 보이지만 그 속에 강함이 담겨 있습니다. 약할 때 임하는 강함을 감추고 있는 것입니다.

온유함 속에는 끈기가 있습니다. 온유한 사람은 약해 보이지만 물러서는 법이 없습니다. 물러서는 것처럼 보이지만 그것은 물러서는 것이 아닙니다. 잠시 멈추어 있는 것입니다. 잠시 멈추고 앞으로 나아가기 위해 기다리는 것입니다. 힘을 모으는 것입니다. 내공을 쌓는 것입니다. 함께 나아갈 물들을 기다리는 것입니다.

믿음으로 산다는 것은 뒤로 물러서지 않는 것입니다. 선한 일을 함에 있어서 뒤로 물러서지 않는 것입니다. 하나님이 맡기신 일을 도모하기 위해 물러서지 않는 것입니다.

"오직 나의 의인은 믿음으로 말미암아 살리라 또한 뒤로 물러가면 내 마음이 저를 기뻐하지 아니하리라 하셨느니라"(히 10:38).

"예수께서 이르시되 손에 쟁기를 잡고 뒤를 돌아보는 자는 하나님의 나라에 합당치 아니하니라 하시니라"(눅 9:62).

온유한 사람은 뒤를 돌아보지 않습니다. 앞으로 전진합니다. 막히면 멈추었다가 길이 열리면 다시 전진합니다. 그래서 온유한 사람이 땅을 차지하는 것입니다. 결국은 풍부한 화평을 즐기게 되는 것입니다.

"오직 온유한 자는 땅을 차지하며 풍부한 화평으로 즐기리로다"(시 37:11).

셋째, 물은 서서히 흘러나와 순식간에 충만해집니다.

성전에서 흘러나온 물은 처음에는 작은 물방울과 같았습니다. 처음에는 서서히 흘러나왔지만 그 물이 순식간에 충만해졌습니다. 아주 빠른 시간에 충만해진 물이 더욱 충만해져서 나중에는 감히 헤엄할 수 없는 강이 되었습니다. 건널 수도 없는 강이 되었습니다.

"그 사람이 손에 줄을 잡고 동으로 나아가며 일천 척을 척량한 후에 나로 그 물을 건너게 하시니 물이 발목에 오르더니 다시 일천 척을 척량하고 나로 물을 건너게 하시니 물이 무릎에 오르고 다시 일천 척을 척량하고 나로 물을 건너게 하시니 물이 허리에 오르고 다시 일천 척을 척량하시니 물이 내가 건너지 못할 강이 된지라 그 물이 창일하여 헤엄할 물이요 사람이 능히 건너지 못할 강이더라"(겔 47:3-5).

하나님이 하시는 일과 물의 흐름을 연구해 보면 많은 것을 깨달을 수 있습니다. 하나님의 일은 성전에서 흘러 나오는 생수처럼 작게 그리고 조용히 시작됩니다. 서서히 시작됩니다.

그러나 어느 순간부터 아주 강렬한 역사가 나타납니다.

순식간에 충만해집니다. 작은 눈이 어느 순간부터 큰 눈 덩이가 되어 구르는 것과 같습니다. 그 순간부터 모든 상황이 바뀝니다. 모든 것이 역전됩니다. 때가 되면 하나님은 속히 이루십니다.

"그 작은 자가 천을 이루겠고 그 약한 자가 강국을 이룰 것이라 때가 되면 나 여호와가 속히 이루리라"(사 60:22).

물은 처음에 작습니다. 약해 보입니다. 그러나 어느 순간부터 엄청나게 거대한 물결을 이룹니다. 어느 순간 뜻한 바를 속히 이룹니다. 그래서 물이 무서운 것입니다. 그래서 물이 위대한 것입니다.

넷째, 물은 반드시 목적을 이룹니다.

물은 목적 지향적입니다. 물은 목적을 향해 움직입니다. 물이 마지막에 도착할 곳은 바다입니다. 물은 반드시 목적한 바를 이룹니다.

"그가 내게 이르시되 이 물이 동방으로 향하여 흘러 아라바로 내려가서 바다에 이르리니 이 흘러내리는 물로 그 바다의 물이 소성함을 얻을지라"(겔 47:8).

그런데 물이 가는 길에 아라바가 있습니다. 아라바는 요단 골짜기로서, 광야라는 뜻입니다. 즉 물은 광야를 거치게 됩니다. 그러나 광야에서 잠시 멈출 뿐입니다. 광야를 복 되게 하고 결국 바다에 이르게 됩니다. 바다의 물을 소성케 합니다.

예수님은 물처럼 사셨습니다. 목적을 가지고 이 땅에 오셨고, 목적 지향적인 삶을 사셨습니다.

"인자의 온 것은 잃어버린 자를 찾아 구원하려 함이니라"(눅 19:10).

"인자의 온 것은 섬김을 받으려 함이 아니라 도리어 섬기려 하고 자기 목숨을 많은 사람의 대속물로 주려 함이니라"(막 10:45).

"그가 우리 죄를 없이 하려고 나타내신 바 된 것을 너희가 아나니 그에게는 죄가 없느니라"(요일 3:4).

"죄를 짓는 자는 마귀에게 속

아무리 광야 같은 인생이라도 하나님의 생수가 임하면 꽃을 피웁니다. 생명이 충만하고 열매가 풍성해집니다. 하나님의 은혜가 적시지 못할 광야는 없습니다.

하나니 마귀는 처음부터 범죄함이니라 하나님의 아들이 나타나신 것은 마귀의 일을 멸하려 하심이니라"(요일 3:8).

예수님은 목적 이루시는 것을 행복의 조건으로 삼으셨습니다. 그래서 십자가의 길도 피하지 않으셨습니다. 십자가의 길이 목적을 이루는 길이었기에 그 길을 걸어가셨습니다. 억지로 가신 것이 아니라 자원해서 걸어가셨습니다. 그리고 그 십자가의 길을 통해 부활의 길로 나아가셨고, 인류 구원의 길로 나아가신 것입니다.

하나님은 우리 각자에게 목적을 주셨습니다. 우리는 그 목적을 발견하고 이루어 내야 합니다. 목적 지향적인 삶을 살아야 합니다. 하나님이 교회를 세우신 목적이 있습니다. 그것은 영혼을 구원하는 것입니다. 모든 민족을 그리스도의 제자로 삼는 것입니다. 세계를 복음화하여 열방을 구원하는 것입니다.

하나님이 교회를 세우신 목적이 또 있습니다. 모든 만물을 충만케 하는 것입니다. 예수님의 생명으로 말미암아 인류를 충만케 하는 것입니다. 생명을 풍성히 얻게 하고, 충만히 얻게 하는 것입니다.

교회는 그 존재하는 이유가 있습니다. 그 목적을 이룰 때 교회는 가장 충만해집니다. 가장 건강해집니다.

생수의 강은 절망의 광야에서 희망을 창조합니다

생수의 강은 흘러서 아라바로 내려갑니다.

"그가 내게 이르시되 이 물이 동방으로 향하여 흘러 아라바로 내려가서 바다에 이르리니 이 흘러내리는 물로 그 바다의 물이 소성함을 얻을지라"(겔 47:8).

아라바는 요단 골짜기입니다. 요단 골짜기는 절망의 골짜기입니다. 마른 뼈들이 뒹굴던 골짜기와 같습니다. 생수는 이러한 절망의 골짜기에 흘러 내려가 그 골짜기에 있는 사람들에게 희망을 줍니다. 골짜기는 바닥 중의 바닥입니다. 그러나 골짜기에서 경험하는 바닥의 은혜가 있습니다.

첫째, 절망의 골짜기에서 바닥의 은혜를 받아 누리십시오.

골짜기에 가면 바닥이 보입니다. 우리 인생의 바닥은 절망의 바닥입니다. 그러나 절망의 바닥에서 하나님의 희망은 시작됩니다.

엘리야가 사르밧 과부를 만났을 때 그녀의 집에 있던 가루통과 기름병은 바닥을 드러내기 시작했습니다. 엘리야가 빵 한 조각을 만들어 오라고 부탁했을 때 사르밧 과부는 절망의 골짜기에 선 여인이었습니다.

"저가 가로되 당신의 하나님 여호와의 사심을 가리켜 맹세하노니 나는 떡이 없고 다만 통에 가루 한 움큼과 병에 기름 조금 뿐이라 내가 나뭇가지 두엇을 주워다가 나와 내 아들을 위하여 음식을 만들어 먹고 그 후에는 죽으리라"(왕상 17:12).

사르밧 과부의 인생은 바닥 인생이었습니다. 그러나 그녀는 그 마지막 가루와 기름으로 하나님의 사람 엘리야를 위해 떡을 만들었습니다. 아주 바닥이 드러나게 한 것입니다.

그런데 바로 그 순간 하나님의 기적이 임했습니다. 그 가루 통 바닥에서부터 가루가 넘치기 시작했으며, 기름 병 바닥에서는 기름이 솟아오르기 시작했습니다. 3년 6개월 동안 통의 가루와 병의 기름이 없어지지 않았습니다.

"저가 가서 엘리야의 말대로 하였더니 저와 엘리야와 식구가 여러 날 먹었으나 여호와께서 엘리야로 하신 말씀같이 통의 가루가 다하지 아니하고 병의 기름이 없어지지 아니하니라"(왕상 17:15-16).

그러므로 바닥이 보인다고 낙심하지 마십시오. 하나님을 바라보십시오. 하나님은 바닥에서 기적을 일으키십니다.

가나 혼인 잔치에서 포도주가 떨어졌을 때 놀라운 기적이 일어났습니다. 예수님의 어머니 마리아는 포도주 통에 바닥이 드러났음을 알고 예수님을 찾았습니다. 예수님께 구했습니다. 예수님은 바닥을 보시고 물로 포도주를 만들어 주십니다. 좋은 포도주를 이전보다 더 풍성하게 채워 주십니다(요 2:1-11).

둘째, 절망의 광야에서 희망의 생수를 받아 누리십시오.

아라바는 그 뜻이 광야입니다. 성경은 성전에서 흘러나온 물이 아라바 곧 광야로 흘러간다고 말씀합니다.

하나님은 광야에서 사랑하는 사람들을 키우십니다. 가장 사랑하는 사람들을 절망의 광야 속으로 인도하시고, 그곳에서 키우십니다. 하나님의 사람들은 광야의 사람들이었습니다. 모세는 광야에서 40년을 보냈습니다. 그리고 그곳에서 애굽 공주의 아들에서 하나님의 사람으로 변합니다. 성령 충만한 사람으로 바뀝니다.

광야는 외로운 곳입니다. 고독한 곳입니다. 황량하고 쓸쓸한 곳이며 두렵고 떨리는 곳입니다. 아울러 광야는 고난받고 훈련받는 장소입니다. 그곳은 분명 고통스런 장소입니다.

그러나 광야는 복된 곳입니다. 하나님이 절망스런 광야 속에 희망을 담아 두셨기 때문입니다. 하나님은 그곳에 생수의 강을 약속하셨습니다. 그곳에서 상상할 수 없는 물이 솟구쳐 오를 것이라고 말씀하셨습니다. 절망의 광야에서 희망의 생수의 환상을 보았던 이사야는 다음과 같이 기록하고 있습니다.

"그때에 소경의 눈이 밝을 것이며 귀머거리의 귀가 열릴 것이며 그때에 저는 자는 사슴같이 뛸 것이며 벙어리의 혀는 노래하리니 이는 광야에서 물이 솟겠고 사막

에서 시내가 흐를 것임이라 뜨거운 사막이 변하여 못이
될 것이며 메마른 땅이 변하여 원천이 될 것이며 시랑의
눕던 곳에 풀과 갈대와 부들이 날 것이며 거기 대로가
있어 그 길을 거룩한 길이라 일컫는바 되리니 깨끗지 못
한 자는 지나지 못하겠고 오직 구속함을 입은 자들을 위
하여 있게 된 것이라 우매한 행인은 그 길을 범치 못할
것이며 거기는 사자가 없고 사나운 짐승이 그리로 올라
가지 아니하므로 그것을 만나지 못하겠고 오직 구속함
을 얻은 자만 그리로 행할 것이며 여호와의 속량함을 얻
은 자들이 돌아오되 노래하며 시온에 이르러 그 머리 위
에 영영한 희락을 띠고 기쁨과 즐거움을 얻으리니 슬픔
과 탄식이 달아나리로다"(사 35:5-10).

얼마나 놀라운 은혜입니까? 얼마나 놀라운 축복이며,
얼마나 놀라운 희망의 메시지입니까? 생수는 낮은 골짜
기에 임합니다. 그리고 절망의 광야로 흘러갑니다. 그곳
에 있는 구속함을 받은 자들에게 희망을 주기 위해 흘러
갑니다.

하나님은 절망의 광야에 물이 솟게 하시고, 사막에서
시내가 흐르게 하십니다. 생수의 강이 흐르는 곳마다 축

복이 임하고, 뜨거운 사막이 변하여 연못이 됩니다. 메마른 땅이 변해 원천이 되고, 시랑이 눕던 곳에 풀과 갈대와 부들이 나게 됩니다. 거기 대로가 열립니다. 그 길은 거룩한 길입니다. 그곳에 기쁨과 즐거움이 넘쳐 나며 슬픔과 탄식은 달아나게 됩니다.

광야를 통과하고 있습니까? 낙심하지 마십시오. 광야에서 하나님을 바라보며 기다리십시오. 광야는 기다리는 곳입니다. 광야는 기다리는 중에 생수의 은혜를 받는 곳입니다. 기다림은 고통이지만 하나님은 그 기다림을 통해 일하십니다.

기다리면 아름다워집니다.

하나님은 시간을 들여 모든 것을 아름답게 만드십니다. 아름다움은 한순간에 만들어지는 것이 아닙니다. 아름다움은 시간을 필요로 합니다. 기다림 또한 시간이 필요합니다. 기다리면 아름다워집니다. 아름다운 장미꽃은 한순간에 피지 않습니다. 장미꽃은 기다림을 통해 아름다워집니다. 하나님은 모든 것을 지으시되 때를 따라 아름답게 하십니다.

"하나님이 모든 것을 지으시되 때를 따라 아름답게 하셨고 또 사람에게 영원을 사모하는 마음을 주셨느니라 그러나 하나님의 하시는 일의 시종을 사람으로 측량할 수 없게 하셨도다"(전 3:11).

하나님은 아름다움을 원하십니다. 그러나 모든 것이 아름답지는 않습니다. 악이 만들어 낸 것은 추합니다. 악이 선한 사람을 공격할 때 선한 사람의 모습 속에 그늘이 찾아옵니다. 그때가 선한 사람의 생애 속에 찾아온 시험과 시련의 시기입니다. 이때 만나는 환경은 광야와 같습니다. 아름답지 않습니다. 고통스럽습니다. 그러나 하나님의 약속을 붙잡고 기다리면 결국은 아름다움을 보게 됩니다.

저는 요셉을 좋아합니다. 요셉이 17세가 되었을 때 그의 인생에 그늘이 찾아옵니다. 그래서 13년 동안이나 추한 광경을 보게 됩니다. 형들이 그의 채색 옷을 벗깁니다. 옷이 벗

지금 광야를 통과하고 있습니까? 낙심 말고 하나님을 바라보며 기다리십시오. 광야는 기다리는 중에 생수의 은혜를 받는 곳입니다. 기다림은 고통이지만 하나님은 그 기다림을 통해 일하십니다.

겨질 때 요셉은 말할 수 없는 수치심을 느꼈을 것입니다. 형들은 그를 구덩이에 던지고, 나중에는 장사하는 사람에게 팔아넘깁니다. 그 후 보디발의 집에서 종살이를 하게 되지만 보디발의 아내의 유혹을 물리친 대가로 감옥에 던져집니다. 악한 거짓말 때문에 칠흑같이 어두운 감옥에 2년 동안 갇혀 있어야 했습니다.

그러나 그는 기다립니다. 하나님을 앙망하며 기다립니다. 결국 하나님은 모든 것을 아름답게 하십니다. 요셉은 한순간에 국무총리가 되고 당시 애굽과 열국을 구원하는 구원자 역할을 합니다. 그를 추하게 만들었던 형제들을 복되게 합니다.

예수님을 묵상해 보십시오. 예수님이 이 땅에서 광야를 통과하실 때, 그분에게는 흠모할 만한 아름다운 것이 보이지 않았습니다. 예수님은 매를 맞으셨습니다. 채찍에 맞아 피투성이가 되셨고, 오해받으셨고, 침 뱉음을 당하셨습니다. 악한 사람들은 거짓 증인을 세워 예수님을 십자가에 못 박았습니다. 그때의 모습은 추한 모습이었습니다. 그때의 환경은 추한 환경이었습니다. 그 모습을 이사야는 다음과 같이 기록하고 있습니다.

"그는 주 앞에서 자라나기를 연한 순 같고 마른 땅에서 나온 줄기 같아서 고운 모양도 없고 풍채도 없은즉 우리의 보기에 흠모할 만한 아름다운 것이 없도다 그는 멸시를 받아서 사람에게 싫어버린 바 되었으며 간고를 많이 겪었으며 질고를 아는 자라 마치 사람들에게 얼굴을 가리우고 보지 않음을 받는 자 같아서 멸시를 당하였고 우리도 그를 귀히 여기지 아니하였도다"(사 53:2-3).

광야를 통과할 때 예수님의 모습은 멸시를 받아 싫어버린 바 되었습니다. 그러나 예수님은 기다리셨습니다. 십자가에서 부활의 날을 기다리셨습니다. 그리고 기다림이 끝나는 날, 예수님은 아름다운 모습을 드러내셨습니다.

이제 우리는 예수님의 아름다움을 보게 됩니다. 선한 목자 되신 예수님, 인생의 상처를 치유하시는 위대한 의사이신 예수님, 우리에게 풍성한 생명을 주시는 생명의 수여자이신 예수님, 상처를 진주로 만드시는 능력의 주님이신 예수님을 보게 됩니다.

광야를 통과하는 동안에는 모든 것이 추해질 수 있습니다. 그러나 생수의 은혜가 임할 때 모든 것은 아름다워집니다. 생수의 강이 임하면 모든 것은 변합니다.

상처도 익히면 꽃향기가 납니다.

추한 상처도 잘 다루면 아름다워질 수 있습니다. 잘 가꾸고 익히면 충분히 아름다워질 수 있습니다. 최근에 복효근 님의 "상처에 대하여"라는 글을 만났습니다. 상처를 가장 아름답게 표현한 글이었습니다.

모든 상처는 꽃을
꽃의 빛깔을 닮았다.
…
잘 익은 상처에선
꽃향기가 난다.

상처에 대한 글을 여러 가지 보았지만 복효근 님처럼 표현한 글은 처음이었습니다. 저도 글을 쓰는 사람이라 마음 저미는 글을 만나면 마치 보배를 만난 것 같은 황홀함을 경험하게 됩니다. 복효근 님의 상처에 대한 글이 제게 그런 황홀함을 경험하게 해 주었습니다.

잘만 다루면 상처도 꽃이 됩니다. 상처에서 꽃의 빛깔을 보게 됩니다. 상처를 잘 익히면 상처에서 꽃향기가 납니다. 고통스런 상처도 잘만 다루면 얼마든지 축복이 될 수 있습니다.

상처 입은 사람들은 상처 입은 사람들의 마음을 이해합니다. 셰익스피어는 "다쳐 보지 않은 사람이 남의 흉터를 보고 웃는다"고 말했습니다. 몸에 흉터를 가진 사람은 절대 다른 사람의 흉터를 보고 웃지 않습니다.

예수님은 상처투성이의 삶을 사셨습니다. 십자가에서 받은 상처는 가장 큰 흉터로 남아 있습니다. 그런 까닭에 예수님은 상처 입은 우리의 마음을 아십니다. 예수님은 우리의 흉터를 보고 웃지 않으십니다. 오히려 상처 입은 우리를 치료해 주시고, 우리의 상처를 꽃으로 바꾸어 주십니다. 예수님은 우리의 잘 익은 상처가 꽃향기를 발하도록 도와주십니다.

잘 익은 밥이 맛있듯이 상처도 잘 익히면 꽃향기가 납니다. 기다리면 상처도 꽃향기를 내게 됩니다. 그러므로 기다리십시오. 기대를 가지고 기다리십시오. 하나님은 때를 따라 모든 것을 아름답게 하실 것입니다.

생수의 강은 죽은 바다를 치유하는 능력입니다

물은 치유하는 능력이 있습니다. 생수의 강이 바다로 흘러 들어감으로써 바다의 물이 소성하게 됩니다.

"그가 내게 이르시되 이 물이 동방으로 향하여 흘러 아라바로 내려가서 바다에 이르리니 이 흘러내리는 물로 그 바다의 물이 소성함을 얻을지라"(겔 47:8).

에스겔이 본 바다는 사해였습니다. 사해는 죽은 바다입니다. 물이 죽어서 물고기가 살 수 없는 바다입니다. 왜 물이 죽었을까요? 물이 들어오기만 하고 밖으로 나가지 않기 때문입니다. 사해는 갈릴리 바다에서 흘러내리는 물을 받습니다. 그런데 그 물을 다른 곳으로 내어주지를 않습니다. 사해는 막힌 바다입니다. 물은 멈추면 병이 듭니다. 흐름이 끊기면 병이 듭니다.

반면 갈릴리 바다에는 고기가 살아 있습니다. 물을 받아들이고 또 흘려보내기 때문입니다. 받아들이고 내보내는 시스템을 가졌기 때문입니다.

사해는 받기만 하고 주지를 않습니다. 그래서 물이 병들고 죽게 된 것입니다. 받기만 하고 주지 않는 시스템은 병들게 됩니다. 받기만 하고 변하지 않는 시스템은 아주 위험한 시스템입니다. 사해는 물을 가지고 있지만 살리는 물이 아니라 오히려 병들게 하는 물입니다.

하나님은 죽은 바다를 치유하시기 위해 사해에 생수를 보내십니다. 사해에 생수가 임함으로 물이 소성하게 됩니다. 물이 물을 치유하고 있는 것입니다. 물이 병들었을 때 물로 치유하는 것을 '동종요법'이라 부릅니다. 에모토 마사루는 그의 책에서 동종요법을 다음과 같이 소개하고 있습니다.

물이 에너지의 전달 매체라는 사고방식은 예전부터 질병 치료에 활용되었습니다. 그중에서도 동종요법 (homeopathy)이란 재미있는 사고방식이 있습니다.

동종요법은 19세기 초에 독일인 의사 사무엘 하네만 (Samuel Hahnemann)이 개발한 요법이지만 그 기원은 더 오래되었다고 합니다. 기원전 4-5세기, 의학의 아버지라 불리는 고대 그리스의 히포크라테스도 이 요법에 대해 이야기했다고 합니다. 그 핵심은 "같은 것이 같은 것을 치료한다. 독을 가지고 독을 치료한다"는 것입니다.

예를 들어 납중독에 걸린 사람이라면, 같은 납을 마이너스 12승에서 마이너스 400승 정도로 희석한 물을 마시게 함으로써 증상을 개선할 수 있습니다. 그 정도로 희석하면 물 속에 물질 성분은 거의 없다고 보아야 합니다. 그러나 물질이 가진 그 성질만은 남아 있습니다. 그 물이 납중독을 해독하는 약이 됩니다.

동종요법에서는 희석을 하면 할수록 그 효과는 높아진다고 합니다. 몸속에 있는 독의 농도가 높을수록, 희석률도 높은 쪽이 좋지 않을까 생각합니다. 물질의 효과로 증상을 없애는 것이 아니라 물의 전사(傳寫)된 정보가 중독 증상이라는 정보를 없애는 것입니다.[8]

동종요법의 창시자는 사무엘 하네만이 아닙니다. 하나님이십니다. 하나님이 사무엘 하네만의 눈을 열어 주셔서 그 비밀을 알게 하신 것입니다.

하나님이 우리에게 생수를 주시는 이유는 우리를 치유하시기 위해서입니다. 하나님은 물이 물을 치유하는 것을 아십니다. 피가 피를 치유하는 것을 아시기에 예수님의 보혈을 우리에게 주셨습니다. 법이 법을 치유하는 것을 아시기에 율법 대신 복음의 법 곧 생명의 성령의 법을 주신 것입니다.

하나님은 치유하시는 하나님입니다. 우리 몸이 병들었다는 것은 우리 몸속에 있는 물이 병들었다는 것입니다. 물은 흐름을 의미합니다. 몸이 병들었다는 것은 물의 흐름이 병든 것을 말합니다. 마음의 흐름, 즉 감정의 흐름이 병들었다는 것입니다.

그러므로 우리는 생수의 강가

로 나아가 생수를 마셔야 합니다. 우리 마음을 열고 생수를 받아들여야 합니다. 죽은 바다가 한 일은 하나님이 보내 주신 생수를 받아들인 것입니다. 자신을 치유할 수 있도록 기회를 드린 것입니다. 죽은 바다를 치유하시는 하나님께는 못 고칠 병이 없습니다. 해결하지 못하실 문제가 없습니다. 우리가 할 일은 값없이 주시는 생수를 받아 마시는 것입니다.

하나님은 지금 이 순간에도 마음을 열고 생수를 갈망하는 이에게 그 생수를 부어 주시고 치유해 주십니다. 치유의 은혜가 당신의 육체와 마음과 영혼 위에 넘치길 빕니다. 당신의 인생을 치유하길 소원합니다.

하나님은 주님의 몸 된 교회를 치유하십니다

하나님은 치유하시는 하나님입니다. 하나님은 전능하십니다. 우리의 병든 몸과 마음을 하나님께 내어 드려야 합니다.

교회는 그리스도의 몸입니다. 교회도 그런 면에서 물

과 같습니다. 바다와 같습니다. 흐름이 막혀 사해 물이 병든 것처럼 교회도 흐름이 막히면 병이 듭니다. 변화를 싫어하고 고착되면 병이 듭니다. 받기만 하고 주지 않으면 병이 생깁니다. 사해처럼 되고 맙니다.

교회가 할 일은 성령님을 사모하며 갈망하는 것입니다. 환영하는 것입니다. 성령의 생수를 충만히 받아들이는 것입니다. 이것을 부흥이라고 합니다. 부흥이 임할 때 교회가 소생합니다. 교회가 새롭게 되고 충만해집니다. 바다에 고기가 살듯이 영혼이 살게 됩니다. 나아가 수많은 영혼들을 살립니다. 생수를 내보내 모든 것을 풍성하고 아름답게 만듭니다. 치유받은 교회가 수많은 영혼을 치유하고 수많은 교회를 치유하게 됩니다.

"이 강물이 이르는 곳마다 번성하는 모든 생물이 살고 또 고기가 심히 많으리니 이 물이 흘러 들어가므로 바닷물이 소성함을 얻겠고 이 강이 이르는 각처에 모든 것이 살 것이며 또 이 강가에 어부가 설 것이니 엔게디에서부터 에네글라임까지 그물 치는 곳이 될 것이라 그 고기가 각기 종류를 따라 큰 바다의 고기같이 심히 많으려니와"(겔 47:9-10).

물은 답을 알고 있습니다. 우리는 물을 통해 하나님의 성품을 배워야 합니다. 물을 통해 하나님이 일하시는 법을 배워야 합니다. 또한 우리는 물처럼 살아야 합니다. 물처럼 겸손하고 온유해야 합니다. 물처럼 끈기 있게 기다리다가 순식간에 충만해지는 것을 경험해야 합니다. 물처럼 목적 중심의 삶을 살아야 합니다.

하나님은 절망의 골짜기에서 바닥의 은혜를 베풀어 주십니다. 절망의 광야에서 희망의 생수를 부어 주십니다. 힘든 광야에 있다고 낙심하지 마십시오. 기다리면 커집니다. 기다리면 아름다워집니다. 기다리면 치유받게 됩니다. 하나님이 예비하신 생수의 은혜는 절망을 희망으로 바꾸시는 은혜입니다.

당신이 광야에 있다면 지금 당신의 환경은 모든 것이 추해 보일지 모릅니다. 그러나 낙심하지 마십시오. 어느 순간 하나님이 놀라운 역사를 일으키실 것입니다.

바닥 인생이라고 낙심하고 있습니까? 하나님의 기적은 바닥에서 시작됩니다. 큰 절망 속에서 갈 길 몰라 낙망하고 있습니까? 길 되신 예수님이 친히 길 되어 주십니다.

기다리는 중에 속히 모든 것을 이루게 하실 것입니다. 흐름을 새롭게 하시고 막힌 것을 열어 주실 것입니다. 잘못된 시스템은 고쳐 주시고, 새로운 시스템으로 바꾸어 주실 것입니다.

길 되신 예수님이 광야에 길을 내시고, 사막에 강을 내어 주십니다. 광야에 생수의 강이 흐르게 하시고, 사막에서 샘물이 솟구치게 하실 것입니다. 절망과 낙망 중에 있다면 희망을 가지십시오. 바닥 인생이라고 낙심하고 있습니까? 하나님의 기적은 바닥에서부터 시작됩니다. 사르밧 과부를 생각하며 희망을 가지십시오. 예수님의 십자가와 부활을 생각하며 소망을 가지십시오. 생수를 사모하고 갈망하는 당신에게 하나님의 은혜가 넘치길 빕니다.

3. 절망을 희망으로 바꾸는 생수의 은혜

절망의 골짜기 바닥에서 하나님의 희망이 시작되고, 외롭고 쓸쓸한 광야에서 희망의 생수가 솟아납니다. 생수는 낮은 골짜기에 임하며 절망의 광야로 흘러가면서 구속받은 자들에게 희망을 줍니다. 즉 생수의 강이 흐르는 곳마다 회복이 일어나고, 축복이 임하고, 기쁨과 즐거움이 넘쳐납니다.

그러므로 광야에서 하나님을 바라보며 기다립시오. 광야는 외롭고 쓸쓸한 곳이며, 고난받고 훈련받는 곳입니다. 그곳은 기다리는 곳입니다.

하나님의 약속을 붙잡고 기다리면 결국 광야 같은 환경이 아름답게 변하는 것을 보게 될 것입니다. 잘만 다루면 상처도 꽃을 피우고 아름다운 향기를 냅니다. 그리하여 같은 상처를 입은 사람들을 돕습니다.

❀ 작고 약한 물방울이 어느 순간부터 거대한 물결을 이루듯 하나님의 역사도 순식간에 큰일을 이룹니다.

❀ 물이 바다를 향해 흘러가듯 하나님은 모든 생명과 사물들에게 존재하는 이유와 목적을 주셨습니다. 그 목적을 발견하고 이루는 것이 행복입니다.

❀ 하나님은 절망스러운 광야 속에도 희망을 담아 두셨습니다. 그렇기에 광야는 복된 곳입니다. 광야는 하나님이 사랑하시는 사람들을 키우는 곳입니다.

❀ 하나님은 우리를 위한 생수로 예수님을 보내셨습니다. 예수님은 우리의 상처를 치유하고 추해진 모든 것을 아름답게 변화시킵니다.

❀ 하나님은 광야에 생수의 강이 흐르고, 사막에서 샘물이 솟게 하는 기적을 우리 인생에도 베풀어 주십니다.

예수님으로 말미암는 생수가 흐르는 곳에는 번식과 형통의 은혜가 넘칩니다. 하나님은 그 깊고 충만한 은혜와 축복의 바다로 우리를 부르셔서 마음껏 누리고 형통하게 하십니다. 가무는 해에도 걱정이 없고, 결실이 그치지 않게 하십니다.

4

형통하고 번영케 하는 생수의 은혜

에스겔 47:9-10

당신은 하나님의 보물입니다. 하나님
나라에서는 당신이 주인공입니다.
하나님은 생수를 부어 주심으로써
당신을 번성의 도구, 축복의 통로로
사용하십니다.

태초에 생수가 있었습니다

성전에서 흘러나온 생수는 절망을 희망으로 바
꾸어 줍니다. 에스겔이 환상 중에 본 성전은 곧 성전으
로 오실 예수님에 대한 환상입니다. 즉 예수님의 몸에서
생수의 강이 흘러나오는 환상이었습니다. 그렇다면 성
전에서 흘러나오는 생수는 언제부터 시작된 것일까요?
그것은 태초부터 시작된 생수입니다.

태초에 생수가 있었습니다. 하나님이 말씀으로 제일
먼저 창조하신 것은 빛입니다. 그런데 성경은 그 빛이
있기 전에 물이 있었다고 말씀합니다. 즉 태초에 물이

있었던 것입니다.

"태초에 하나님이 천지를 창조하시니라 땅이 혼돈하고 공허하며 흑암이 깊음 위에 있고 하나님의 신은 수면에 운행하시니라"(창 1:1-2).

하나님의 성령께서 수면에 운행하셨습니다. 수면이 곧 물입니다. 「표준새번역」은 이 말씀을 다음과 같이 번역했습니다.

"태초에 하나님이 천지를 창조하셨다. 땅이 혼돈하고 공허하며 어둠이 깊음 위에 있고 하나님의 영은 물 위에 움직이고 계셨다"(창 1:1-2, 「표준새번역」).

저는 태초를 생각할 때마다 빛을 떠올렸지 물은 미처 생각하지 못했습니다. 그런데 이번에 생수를 연구하고 묵상하면서 태초에 빛이 있기 전에 물이 있었다는 사실을 새삼 깨닫게 되었습니다.

그렇다면 태초에 있던 물은 어떤 물이며 무엇을 의미할까요? 이 질문에 대한 답을 찾기 위해 성경을 연구하다 태초에 존재한 물이 예수님을 상징할 수 있다는 사실을 깨닫게 되었습니다. 그 예수님이 신약 성경에 성전으로 임하셨고, 성전으로 임하신 예수님이 생수를 우리에게 선물로 주신 것입니다. 생수이신 예수님, 생수를 충만히 소유하신 예수님이 생수를 선물로 주신 것입니다.

예수님은 태초에 생수로 임하신
창조주 하나님입니다

태초에 있던 물은 생수의 근원입니다. 생명의 근원입니다. 그 물 위에서 성령님이 움직이고 계셨습니다. 이 물은 무엇을 상징할까요? 어떤 성경학자는 이 물이 예수님을 상징한다고 말합니다. 그래서 물과 성령이 함께 만나는 곳에 새 역사가 창조된다고 합니다. 새 생명이 태어난다는 것입니다.

"예수께서 대답하시되 진실로 진실로 네게 이르노니 사람이 물과 성령으로 나지 아니하면 하나님 나라에 들어갈 수 없느니라"(요 3:5).

예수님이 말씀하신 물은 진리의 말씀을 가리킵니다. 어떤 분은 물 세례라고 말합니다. 그러나 성경에 의하면 우리를 거듭나게 하는 것은 세 가지, 즉 말씀과 피와 성령입니다. "너희가 거듭난 것이 썩어질 씨로 된 것이 아니요 썩지 아니할 씨로 된 것이니 하나님의 살아 있고 항상 있는 말씀으로 되었느니라"(벧전 1:23).

그런데 우리를 거듭나게 하는 말씀이 물처럼 역사하는 것을 볼 수 있습니다.

"너희는 내가 일러 준 말로 이미 깨끗하였으니"(요 15:3). "이는 곧 물로 씻어 말씀으로 깨끗하게 하사 거룩하게 하시고"(엡 5:26).

물은 곧 말씀으로 오신 예수님을 상징하고 있습니다.

"이는 물과 피로 임하신 자니 곧 예수 그리스도시라 물로만 아니요 물과 피로 임하셨고 증거하는 성령이시니 성령은 진리니라 증거하는 이가 셋이니 성령과 물과 피라 또한 이 셋이 합하여 하나이니라"(요일 5:6–8).

예수님은 물로 임하셨습니다. 예수님은 생수의 근원입니다. 또한 예수님은 말씀으로 오셨습니다. 말씀이 곧 생수입니다. 물과 성령이 함께 역사하신 것처럼, 예수님과 성령님이 함께 역사하십니다. 말씀과 성령님이 함께 역사하고, 말씀과 보혈이 함께 역사합니다. 곧 말씀과 보혈과 성령님이 함께 역사합니다. 이 셋이 하나요, 이 셋이 모두 생수의 강들이 되어 흐르고 있습니다.

예수님은 우리에게 생수를 주시기 위해 오셨습니다. 생수가 흐르는 곳에 놀라운 은혜가 임하기 때문입니다. 에스겔 47장을 보면 성전에서 흘러나오는 생수가 놀라운 역사를 일으키고 있습니다.

생수로 인하여 죽은 바다가 소생합니다. 짠물이 변하여 단물이 됩니다. 생수의 강물이 임하는 곳마다 모든 생물이 번성하며 살아납니다. 생수가 흐르는 바닷물에 각기 종류대로 큰 바다 물고기가 심히 많아집니다.

"이 강물이 이르는 곳마다 번성하는 모든 생물이 살고 또 고기가 심히 많으리니 이 물이 흘러 들어가므로 바닷물이 소성함을 얻겠고 이 강이 이르는 각처에 모든 것이 살 것이며 또 이 강가에 어부가 설 것이니 엔게디에서부터 에네글라임까지 그 물 치는 곳이 될 것이라 그 고기가 각기 종류를 따라 큰 바다의 고기같이 심히 많으려니와"(겔 47:9-10).

또한 모든 생물과 고기뿐만 아니라 강 좌우 가에 있는 나무의 실과가 풍성하게 맺히는 것을 보게 됩니다.

"강 좌우 가에는 각종 먹을 실과나무가 자라서 그 잎이 시들지 아니하며 실과가 끊치지 아니하고 달마다 새 실과를 맺으리니 그 물이 성소로 말미암아 나옴이라 그 실과는 먹을 만하고 그 잎사귀는 약 재료가 되리라"(겔 47:12).

생수가 흐르는 곳에 형통의 은혜가 임합니다

생수가 흐르는 곳마다 놀라운 역사가 나타납니다. 기적이 일어납니다. 변화와 번영의 역사가 일어나며 치유와 회복의 역사가 나타납니다. 이것을 성경적인 언어로는 형통의 역사라고 할 수 있습니다.

생수의 강물이 흐르는 곳마다 형통의 은혜가 임합니다. 형통이란 말은 아주 좋은 말입니다. 그 이유는 형통이 하나님의 아이디어이기 때문입니다.

첫째, 생수의 근원이신 하나님이 함께하시면 형통하게 됩니다.

생수가 임하는 것은 하나님이 임하시는 것을 의미합니다. 생수가 함께한다는 것은 하나님이 함께하시는 것을 의미합니다. 바로 하나님이 생수의 근원이시기 때문입니다. 생수의 근원이신 하나님이 임하시고, 또 하나님이 함께하실 때 형통의 역사가 나타납니다. 어려운 중에도 일이 잘 풀리고 잘되는 것입니다.

"여호와께서 요셉과 함께하시므로 그가 형통한 자가 되어 그 주인 애굽 사람의 집에 있으니 그 주인이 여호와께서 그와 함께하심을 보며 또 여호와께서 그의 범사에 형통케 하심을 보았더라"(창 39:2-3).

하나님이 함께하실 때 요셉이 형통한 자가 되었을 뿐만 아니라, 환경이 복을 받는 것을 보게 됩니다.

"그가 요셉에게 자기 집과 그 모든 소유물을 주관하게 한 때부터 여호와께서 요셉을 위하여 그 애굽 사람의 집에 복을 내리시므로 여호와의 복이 그의 집과 밭에 있는 모든 소유에 미친지라"(창 39:5).

하나님의 복이 임할 때 우리의 영혼뿐만 아니라 환경

까지도 복을 받습니다. 부흥이 임하면 사람만 변화되는 것이 아니라, 땅이 변화되고, 강과 바다가 변화됩니다. 환경 자체가 변화됩니다.

예수님을 모신 나라들은 환경도 복을 받았습니다. 그래서 그 복으로 세계 선교에 앞장 설 수 있었습니다. 그러나 예수님을 모시지 않은 나라들, 예수님을 배척한 나라들은 그 환경까지도 황폐해지는 것을 보게 됩니다. 하나님의 강물이 흐르는 곳에 환경의 축복이 넘쳐납니다.

"땅을 권고하사 물을 대어 심히 윤택하게 하시며 하나님의 강에 물이 가득하게 하시고 이같이 땅을 예비하신 후에 저희에게 곡식을 주시나이다 주께서 밭고랑에 물을 넉넉히 대사 그 이랑을 평평하게 하시며 또 단비로 부드럽게 하시고 그 싹에 복 주시나이다"(시 65:9-10).

하나님이 당신의 환경에 이런 풍성한 복을 내리시길 빕니다. 당신의 환경이 심히 윤택해지길 바랍니다.

둘째, 예수님을 통해 천국 길로 들어서는 것이 형통입니다.

형통은 통하는 것입니다. 통해야 삽니다. 막히면 죽습니다. 예수님은 생수의 강입니다. 물은 길을 따라 흐릅니다. 예수님은 길을 따라 흐르는 생수의 강입니다.

또한 예수님은 길입니다. 길 되신 예수님이 함께하시면 길이 열립니다. 길과 통하게 됩니다.

"예수께서 가라사대 내가 곧 길이요 진리요 생명이니 나로 말미암지 않고는 아버지께로 올 자가 없느니라"(요 14:6).

성경에서 말하는 형통이란 천국 가는 길이 열리는 것입니다. 형통은 영원과 통하는 '영통(永通)'입니다. 성경적인 형통이란 영원한 길이 열리는 것입니다. 생수의 강을 통해 경험하는 형통은 정로를 따라가는 형통입니다. 예수님이 가시는 길이 정로입니다. 예수님이 정로입니다. 정로는 좁은 길입니다. 올바른 방법과 올바른 목적을 추구하는 것이 정로입니다. 올바른 과정을 거쳐 올바른 길에 이르는 것, 그것을 우리는 정로라고 합니다.

가장 위험한 것은 잘못된 방법으로 성공하는 것입니다. 우리는 올바른 방법으로 성공해야 합니다. 올바른 방법으로 성공하는 것이 성경적인 형통입니다. 올바른 과정을 거쳐 성공하는 것이 성경적인 형통입니다. 예수님은 우리를 정로로 인도해 주십니다.

"내 아들아 너는 듣고 지혜를 얻어 네 마음을 정로로 인도할지니라"(잠 23:19).

셋째, 예수님을 통해 풍성한 생명을 누리는 것이 형통입니다.

생수의 강이 이르는 곳마다 모든 생물이 살아나며 풍성한 생명을 얻습니다. "이 강물이 이르는 곳마다 번성하는 모든 생물이 살고 또 고기가 심히 많으리니 이 물이 흘러 들어가므로 바닷물이 소성함을 얻겠고 이 강이 이르는 각처에 모든 것이 살 것이며"(겔 47:9).

이 말씀에서 강조되고 있는 단어가 '살고'입니다. 강물이 이르는 곳에 살아나는 역사가 일어납니다. 죽은 것이 살아나고 병든 것이 고침을 받습니다. 병들었다는 것은 생명이 약해졌다는 것입니다. 그런데 생수의 강이 흘러들어가 생명을 더해 줌으로 병든 것이 치유된 것입니다. 바닷물이 새로워지고 죽은 물이 살아납니다. 변화를 경험하는 것입니다.

"그가 나에게 일러 주었다. '이 물은 동쪽 지역으로 흘러나가서, 아라바로 내려갔다가 바다로 들어갈 것이다. 이 물이 바다로 흘러 들어가면 죽은 물이 살아날 것이다"(겔 47:8, 「표준새번역」).

죽은 물이 살아난다는 말씀을 「현대인의성경」은 "사해의 그 짠물이 단물이 될 것이다"라고 번역했습니다. 예수님이 임하시면 변화의 역사가 나타납니다.

요한복음 2장에는 예수님이 물로 포도주를 만드신 사건이 소개되고 있습니다. 생수의 근원 되시는 예수께서 역사하실 때 물이 변화를 일으킵니다. 물이 포도주가 되었다는 것은 그 가치를 더해 준 것입니다. 짠물이 단물이 되었다는 것 또한 가치를 더해 준 것이라 할 수 있습니다. 존재의 풍성함을 더해 준 것입니다. 예수님이 이 땅에서 오신 이유는 우리에게 생명을 주되 풍성히 주시기 위함이었습니다.

“도적이 오는 것은 도적질하고 죽이고 멸망시키려는 것뿐이요 내가 온 것은 양으로 생명을 얻게 하고 더 풍성히 얻게 하려는 것이라”(요 10:10).

성경적인 형통은 무엇일까요? 예수님을 통해 풍성한 생명을 얻는 것입니다. 변화를 체험하고 치유를 경험하는 것입니다. 예수님을 통해 자신의 가치를 새롭게 발견하고 변화의 가능성을 깨닫는 것입니다. 짠물이 단물이 되고, 발 씻는 물이 최상급의 포도주로 변하는 은혜를 경험하는 것입니다.

넷째, 예수님을 통해 존재 목적을 발견하는 것이 형통입니다.

생수의 강이 임할 때 자신의 존재 목적을 발견하게 됩니다. 바다가 존재하는 이유는 고기를 기르기 위함입니다. 고기가 존재하지 않는 바다는 진정한 바다가 아닙니다. 죽은 바다는 존

성경적인 형통은 예수님을 통해 풍성한 생명을 얻는 것입니다. 예수님을 통해 변화와 치유를 체험하고 자신의 가치를 새롭게 발견하고 가능성을 깨닫는 것입니다.

재 이유를 상실한 바다입니다. 바다가 존재하는 것은 물고기를 낳고, 키우고, 나누어 주기 위한 것입니다.

그러나 사해는 고기가 살지 못하는 죽은 바다입니다. 살아 있는 고기가 들어와도 그 고기마저 죽게 하는 바다입니다. 그런 바다에 생수의 강이 임했습니다. 생수의 강이 임함으로 바다는 그 존재 이유를 발견하고, 그 존재하는 목적을 알게 됩니다.

우리도 마찬가지입니다. 우리가 이 땅에 태어난 것은 우연이 아닙니다. 우리는 각자 태어난 목적이 있습니다. 그러나 우리를 만드시고, 우리를 이 땅에 보내신 하나님을 만나기 전까지는 그 목적을 발견할 수 없습니다.

그러므로 자신의 존재 이유를 알기 위해서는 하나님을 만나야 합니다. 생수의 근원이신 하나님이 우리 안에 흘러 들어오실 때 우리의 존재 목적을 발견하게 될 것입니다.

새가 존재하는 이유는 날기 위함입니다. 새가 날 수 없다면 더 이상 새가 아닙니다. 비행기가 존재하는 이유는 날기 위함입니다. 비행기가 날지 못한다면 더 이상 비행기가 아닙니다. 우리가 이 땅에 존재하는 이유가 있습니다. 그 이유를 발견해야 합니다.

우리가 이 땅에 존재하는 목적, 그 목적을 발견하지 못한 사람은 키 없는 배와 같이 방황하게 됩니다. 토머스 칼라일(Thomas Carlyle)은 목적의 중요성을 이렇게 말합니다. "목적이 없는 사람은 키 없는 배와 같다. 한낱 떠돌이요, 아무것도 아닌, 인간이라 부를 수 없는 사람이다."

우리 인생에서 가장 중요한 발견은 우리가 존재하는 목적을 발견하고 그 목적을 따라 살아가는 것입니다. 릭 워렌 목사는 목적을 아는 것의 중요성을 다음과 같이 말합니다.

하나님이 우리의 삶에 대해 가지고 계시는 목적을 아는 것이 가장 중요하다. 목적을 모르는 삶을 보상해 줄 수 있는 것은 아무것도 없다.

목적이 이끄는 삶의 유익

릭 워렌 목사는 목적이 이끄는 삶을 살아갈 때 다섯

가지 유익이 있다고 가르쳐 줍니다.

① 목적을 아는 것은 삶에 의미를 부여해 준다.

인간의 행복은 보람에 있고, 보람은 의미를 발견하는 데 있습니다..자신이 존재하는 목적을 알고, 그 목적을 따라 살아갈 때 자신이 하는 일에 의미를 부여하게 됩니다. 즉 의미를 부여한다는 것은 자신이 하는 일에 가치를 부여하는 것입니다.

② 목적을 알면 우리의 삶은 단순해진다.

자신의 목적을 아는 사람은 단순한 삶을 살아갑니다. 복잡한 삶은 무능력합니다. 삶이 단순해질수록 풍성한 열매를 맺게 됩니다. 그 이유는 목적을 알면 자신의 활동 가운데 목적과 거리가 먼 것들은 가지를 칠 수 있기 때문입니다. 그래서 자신의 목적과 관계있는 일들을 우선순위에 두고 목적에 집중할 때 더 많은 열매를 맺게 됩니다.

③ 목적을 알면 초점을 맞춘 삶을 살게 된다.

목적을 아는 사람은 초점을 맞춘 삶을 살게 됩니다. 하나님이 쓰신 인물들은 한결같이 초점 맞춘 삶을 살았습니다. 역사에 큰 변화를 만들어 낸 사람들은 목적을 알고 그 목적에 초점을 맞춘 인생을 살았습니다.

초점을 맞추는 것의 힘은 빛을 통해서 알 수 있다. 넓게 흩어진 빛은 힘이나 영향력이 거의 없다. 하지만 빛의 초점을 맞추면 에너지를 모을 수 있다. 돋보기를 통해 태양빛을 모아 잔디나 종이를 태울 수 있다. 레이저 광선처럼 빛이 더 강하게 한 초점으로 모아지면 강철도 뚫을 수 있다. 목적이 있고 초점이 맞춰진 삶만큼 강력한 것은 없다. 성령의 능력을 힘입어 하나님의 손에 받은 목적이 이끄는 삶을 살 때, 하나님의 선한 뜻을 능력 있게 감당할 수 있는 것이다. 역사에서 가장 큰 변화를 만들어 낸 사람들은 가장 뚜렷한 목적을 가지고 산 사람들이었다. [9]

④ 목적을 알 때 삶의 동기가 유발된다.
목적을 아는 사람은 열정적입니다. 열정은 동기에서

나오고, 동기는 행동을 유발합니다. 지식이 생각의 변화를 가져오는 것이라면 동기는 행동의 변화를 가져옵니다.

어떤 일을 할 때 지칠 줄 모르는 열정, 힘든 여건에서도 일을 지속할 수 있게 하는 열정은 모두 동기부여에 있습니다. 동기부여가 확실한 삶에는 기쁨이 충만합니다. 어려움이 없지는 않지만, 그 어려움을 능히 극복할 수 있는 조용한 기쁨이 내면에서 흘러넘칩니다. 그것은 목적 지향적인 삶을 살 때 주어지는 축복입니다. 그 조용한 기쁨에 대해 조지 버나드 쇼(George Bernard Shaw)는 다음과 같이 말합니다.

위대한 목적이라고 여겨지는 것을 위해 사용되어지는 것이 삶의 진정한 기쁨이다. 이 기쁨은 세상이 우리를 행복하게 해 주지 않는다고 불평하는 이기적인 아픔과 슬픔의 덩어리보다 자연스러운 힘이 되는 것이다.

⑤ 목적을 앎으로서 영생을 준비할 수 있다.

목적은 우리의 재능과 은사와 밀접한 관계가 있습니다. 자신의 목적을 아는 방법 중 하나는 자기 자신의 재능과 은사를 점검해 보는 것입니다. 하나님은 우리가 이 땅에 사는 목적을 성취할 수 있도록 재능과 은사를 주셨습니다.

목적을 아는 사람은 준비에 탁월합니다. 탁월하게 훈련합니다. 자신의 재능과 은사를 알고 그 재능과 은사를 부단히 연마합니다. 재능과 은사를 발견해도 연마하지 않은 사람은 그것을 유용하게 사용할 수 없습니다.

목적을 아는 사람은 이 땅에서 이룰 목적을 성취하기 위해 준비할 뿐만 아니라 영원한 생애를 준비합니다. 엄밀한 의미에서 우리가 이 땅에서 이루고자 하는 목적의 성취는 영원한 생애와 밀접한 관계가 있습니다. 우리가 사는 이유 중에 가장 중요한 이유가 영생을 준비하기 위한 것임을 기억해야 합니다.

지구상에 유산을 남기기 위해 사는 것은 근시안적인 목표일 뿐이다. 영원한 유산을 남기기 위해 사는 것이 시간을 더 유용하게 쓰는 방법이다. 우리는 이 세상에서 기억되기 위해 이 땅에 보내진 것이 아니다. 우리는 영생을 준비하기 위해 이 땅에 보내졌다.[10]

우리의 목적을 알 수 있는 길은 예수님을 만나는 것입니다. 예수님을 만난 사람들, 예수님이 주신 생수를 마신 사람들은 존재 목적을 발견했습니다. 그리고 그 존재목적에 초점을 맞춘 생애를 살았습니다. 가장 의미 있게, 가장 행복하게 살았습니다. 성경적 형통이란 바로 우리의 존재 목적을 알고, 그 목적을 따라 사는 것입니다.

다섯째, 목적을 이룰 수 있는 능력을 받는 것이 형통입니다.

목적을 발견하는 것은 소중한 일입니다. 그러나 그 목적을 성취할 수 있는 능력이 없다면 아무 소용이 없습니다. 새가 두 날개를 가졌다고 한들 두 날개를 펴고 날 수 있는 힘이 없다면 그 날개가 무슨 소용이 있습니까? 비행기가 날 수 있게 만들어졌어도 날 수 있는 연료가 공급되지 않는다면 어떻게 날 수 있겠습니까?

목적을 발견한 후에 필요한 것은 그 목적을 성취할 수 있는 능력입니다. 그 능력을 주시는 분이 바로 성령님입니다. 생수의 강이신 성령님이 임하실 때 우리는 권능을 받게 됩니다. 생수의 강이신 성령님이 충만히 임하실 때 우리는 권능을 받고 목적을 달성하게 됩니다.

예수님의 제자들은 예수님을 만남으로 그들의 목적을 알게 되었습니다. 그리고 그 목적을 따라 배우고 훈련을 받았습니다. 그러나 그들에게 여전히 필요했던 것은 능력이었습니다. 그래서 예수님은 승천하시기 전에 위로부터 부어 주시는 능력을 받기 전까지 예루살렘 성을 떠나지 말라고 명하셨습니다.

"볼지어다 내가 내 아버지의 약속하신 것을 너희에게 보내리니 너희는 위로부터 능력을 입히울 때까지 이 성에 유하라 하시니라"(눅 24:49).

제자들은 예수님의 말씀을 따라 마가의 다락방에 모여 위로부터 임하실 성령의 능력을 기도하며 기다렸습니다. 합심하며 기도했습니다. 마침내 오순절 날이 이르렀을 때 성령님이 권능으로 임하셨습니다. 성령님의 능력을 받은 제자들은 초월적인 능력을 힘입어 그들의 목적을 성취했습니다. 그들에게 맡겨진 세계 복음화의 목적을 성취했습니다.

성령의 생수는 능력이 있습니다. 죽은 것을 살리고, 짠물을 단물로 만드는 능력, 존재의 목적을 발견할 수 있도록 눈을 열어 주고, 또 그 목적을 이룰 수 있도록 도와주는 능력입니다. 그러므로 우리는 성령님의 능력을 사모하고, 그 능력을 받아야 합니다. 날마다 그 능력을 사모해야 합니다.

생수가 흐르는 곳에 번영의 은혜가 임합니다

성전에서 흘러나온 생수의 강이 임하는 곳마다 번성하는 역사가 나타납니다. 성령의 생수가 임하면 고기도 심히 많아지고 모든 생물들이 번성하는 역사가 나타납니다. 그러나 생수가 임하지 않는 곳은 황폐합니다. 사람이 살지 않습니다. 물에 고기도 없고 나무에 열매도 없습니다.

"이 강물이 이르는 곳마다 번성하는 모든 생물이 살

고 또 고기가 심히 많으리니 이 물이 흘러 들어가므로
바닷물이 소성함을 얻겠고 이 강이 이르는 각처에 모든
것이 살 것이며 또 이 강가에 어부가 설 것이니 엔게디
에서부터 에네글라임까지 그물 치는 곳이 될 것이라 그
고기가 각기 종류를 따라 큰 바다의 고기같이 심히 많으
려니와"(겔 47:9-10).

하나님의 비전은 생육하고 번성하는 데 있습니다.

하나님의 비전은 우리가 생육하고 번성하는 것입니다.
"하나님이 그들에게 복을 주시며 그들에게 이르시되 생
육하고 번성하여 땅에 충만하라 땅을 정복하라 바다의
고기와 공중의 새와 땅에 움직이는 모든 생물을 다스리
라 하시니라"(창 1:28).

살아 있는 것은 생육하고 번성하게 되어 있습니다. 그
것이 정상입니다. 지극히 정상적인 일입니다. 그러므로
생육하고 번성하는 것을 두려워해서는 안 됩니다. 싫어
해서도 안 됩니다. 하나님은 거룩한 주의 자녀들이 생육
하고 번성하기를 원하십니다.

"하나님이 노아와 그 아들들에게 복을 주시며 그들에

게 이르시되 생육하고 번성하여 땅에 충만하라"(창 9:1).

그러나 하나님은 거룩을 상실한 사람들이 생육하고 번성하는 것은 원치 않으셨습니다.

하나님이 노아에게 방주를 만들라 명하시고 홍수를 보내 심판하실 때 사람들은 생육하고 번성했습니다. 그러나 그들 마음의 생각의 모든 계획은 항상 악했고 폭력도 심했습니다. 그래서 하나님은 지면에 있는 모든 혈육을 멸하시기로 작정하시고 홍수로 멸하셨습니다. 단 하나님께 은혜를 입었던 노아와 그 가족만을 남기셨습니다. 그들로 하여금 경건한 자손을 낳아 생육하고 번성하길 원하셨습니다.

그러나 그들 후손 가운데 또다시 죄악이 심해짐을 보셨습니다. 결국 하나님은 아브라함을 선택하셔서 그에게 생육하고 번성할 것을 명하십니다. 거룩한 큰 민족을 이룰 것을 명하십니다. 하나님은 그에게 큰 복을 주어 그 씨로 크게 번성케 하셨습니다.

"내가 네게 큰 복을 주고 네 씨로 크게 성하여 하늘의 별과 같고 바닷가의 모래와 같게 하리니 네 씨가 그 대적의 문을 얻으리라 또 네 씨로 말미암아 천하 만민이 복을 얻으리니 이는 네가 나의 말을 준행하였음이니라 하셨다 하니라"(창 22:17-18).

생명은 번식의 원리를 통해 번성합니다.

하나님의 비전이 생육하고 번식하는 것이라면 우리는 그 번식의 원리를 깨달아야 합니다. 아주 단순하지만 하나님은 지금도 똑같은 원리를 따라 생명을 번식케 하십니다.

첫 번째 번식의 원리는 '일대일 양육의 원리'입니다. 즉 남녀 두 사람이 일대일로 만나 결혼함으로 생육하고 번식하는 것입니다. 한 사람이 한 사람을 만나 생명을 잉태하고 출산할 때 번식하게 됩니다. 만남이 없이는 번식도 없습니다. 일대일 만남은 지금도 변함없는 번식의 원리입니다. 영혼을 구원하는 것도 일대일입니다. 일대일의 만남을 통해 영혼이 태어나고 번식하게 됩니다.

두 번째 번식의 원리는 12제자를 삼는 'G-12의 원리'입니다. 번식의 원리는 12라는 숫자에 있습니다. 아브라함의 후손이 생육하고 번성하도록 하기 위해 하나님이 가르쳐 주신 원리가 번식의 원리입니다. 아브라함이 이

삭을 낳고, 이삭이 낳은 아들이 야곱입니다. 야곱이 12명의 아들을 낳습니다. 그 야곱의 열두 아들이 이스라엘의 12지파가 됩니다. 12지파가 생육하고 번성함으로 엄청난 민족을 이루게 됩니다.

요셉을 좇아 애굽에 내려간 야곱의 가족은 70명에 불과했습니다. 그러나 400년이 지나는 동안, 그 70명은 전쟁에 나갈 수 있는 장정만 해도 60만 명이 되었습니다. 그 외에 남자와 여자 그리고 자녀들을 포함한다면 300만명에 가까운 숫자로 생육하고 번성했습니다.

그러나 하나님은 그 숫자로 만족하지 않으시고 모세를 통해 더 큰 비전을 갖게 하십니다.

"너희 열조의 하나님 여호와께서 너희를 현재보다 천배나 많게 하시며 너희에게 허락하신 것과 같이 너희에게 복 주시기를 원하노라"(신 1:11).

하나님의 복이 임하면 언제나 생육하고 번성하는 역사가 나타납니다. 땅은 복을 받아 풍성한 곡식을 냈고, 나무의 열매는 풍성했습니다. 강과 바다에는 고기가 넘쳤습니다.

하나님이 이스라엘 백성들에게 주신 번식의 원리는

12였습니다. 예수님은 이 땅에 오셔서 12명을 제자로 삼으셨습니다. 그런데 그 12제자가 또 다른 12제자를 삼아 제자의 수는 생육하고 번성했습니다. 처음에는 작은 것 같지만 어느 단계에 들어가면 순식간에 번식하는 것이 12라는 숫자입니다.

제가 12제자를 삼고, 또한 제가 제자 삼은 12명이 또 12제자를 삼는다면 순식간에 144명이 됩니다. 144명이 다시 12명의 제자를 삼는다면 1,728명이 됩니다. 1,728명이 또 12제자를 삼는다면 그 다음에는 엄청난 번식의 역사가 일어납니다.

교회는 하나님의 번식의 원리를 따라 지금 전진하고 있는 것입니다. 우리 모두가 12제자를 삼는 비전을 갖고 전진함으로써 하나님의 번식의 비전을 이루어야 합니다.

우리 안에는 번식을 할 수 있는 셀이 담겨 있습니다.

번식의 비전, 번식의 원리와 함께 기억해야 할 것이 또 있습니다. 그것은 바로 셀(Cell) 속에 담긴 엄청난 잠재력입니다. 셀은 작습니다. 가장 작은 단위입니다. 그러나 셀 속에는 수많은 셀이 담겨 있습니다. 아담 한 사람 속에 전 인류가 담겨 있었습니다. 예수님 한 분 속에 전 인류가 담겨 있었습니다.

이제 그런 놀라운 비전이 우리 안에 있습니다. 셀은 힘이 셉니다. 셀은 무한한 가능성을 가지고 있습니다. 셀이 번식하고 증식할 때 정말 놀라운 일들이 벌어집니다. 성령님이 임하시고 성령의 생수가 우리 셀에 흐를 때 셀은 엄청나게 번식하며 증식하게 될 것입니다.

요즈음 저는 셀 사역과 12제자 삼는 사역을 생각하면 가슴이 뛰는 것을 경험하곤 합니다. 이 사역을 생각하면 그 어떤 어려움도 제게 더 이상 어려움이 될 수 없습니다. 제가 존재하는 가장 중요한 이유는 영혼을 구원하고 제자를 삼는 것입니다. 교회가 존재하는 가장 중요한 이유는 셀을 통해 12제자 삼는 사역을 이루는 것입니다. 그리고 그 일을 통해 세계 복음화의 사명을 완수하는 것입니다.

당신은 하나의 셀입니다. 당신이 주인공입니다. 당신은 하나님의 보물입니다. 교회의 보물은 목회자 한 사람이 아닙니다. 바로 당신입니다. 주님 교회의 자랑은 바로 당신입니다. 예수님은 당신을 위해 십자가에서 돌아가셨고, 당신을 위해 성령님을 보내셨습니다. 그리고 지금도 당신을 위해 생수의 강을 넘치도록 부어 주십니다.

기도할 때 생수의 은혜가 넘치게 됩니다

생수의 은혜는 기도할 때 풍성하게 임합니다. 생수는 우리를 새롭게 해 주고 깨끗하게 해 줍니다. 생수의 은혜가 더욱 아름답게 임하기 위해서는 기도해야 합니다.

우리 인간은 물로 되어 있습니다. 생수가 우리 몸에 흘러 들어올 때 물로 되어 있는 우리의 몸이 정화됩니다. 그런데 놀라운 사실은 기도할 때 우리 몸 안에 있는 물이 더욱 깨끗게 되는 것을 경험하게 된다는 것입니다.

에모토 마사루는 물의 결정체를 연구한 물 전문가입니다. 하루는 호숫가에서 기도와 물의 결정체를 연구하던 중 놀라운 사실을 발견합니다. 그의 기도는 기원에 가까운 것이었습니다. 우리가 하나님께 드리는 기도가 아니라 일반인이 보통 하는 기원에 가까운 것이었습니다. 그런데 기원을 드린 지 15분 뒤 호수가 점점 깨끗해지는 것이 입증되었습니다. 그는 이렇게 기록하고 있습니다.

기도 전후의 물을 채취하여 그 결정을 보기로 하였습니다. 기도 전의 물에는 깨끗한 결정을 보지 못했습니다. 고통스러워하는 사람의 얼굴 같은 결정이 나타났습니다. 그에 비해 기도 후에는 장엄한 형태가 나타났습니다. 육각형 구조 속에 작은 육각형이 들어 있고, 그 주위에는 성인의 아우라 같은 것이 빛을 발하고 있었습니다.

물론 기도를 하고 나서 물이 깨끗해지기까지는 얼마간 시간이 걸렸습니다. 육안으로 봐서 알 수 있을 정도로 물질계가 변화하려면 다소 시간이 걸리는 것입니다.

기도의 파도는 일순간에 주위의 물질로 전달되어, 물에 영향을 끼칩니다. 그것은 물리 현상이 아니라 내재하는 또 하나의 세계를 전제로 설명이 가능한 현상입니다.[11]

일반 사람이 드린 기도가 호수를 정화시켰다면 그리스도인들이 살아 계신 하나님께 드리는 기도에는 더욱 놀라운 일들이 일어날 것입니다. 우리는 기도할 때 그냥 기도드리는 것이 아닙니다. 생수의 근원 되시는 예수님께 나아가서 기도를 드리는 것입니다.

물이 물을 치료합니다. 물이 바다를 치료합니다. 생수 되시는 예수님께 물로 가득 찬 우리가 나아가서 기도할 때 깨끗해지고 치유되는 은혜를 경험하게 됩니다. 그러므로 생수의 은혜를 받기 위해서는 예수님께 나아가야 합니다. 은혜를 경험하지 못하는 것은 생수가 부족하기 때문이 아닙니다. 문제는 우리가 생수 앞으로 나아가지 않는 것입니다. 생수를 갈망하지 않는 것입니다.

물은 생명의 근원이요, 원천입니다. 물이 없으면 생명도 없습니다. 물이 넉넉할 때 모든 것이 풍성해집니다. 물가에 심겨진 나무는 가무는 해에도 걱정이 없습니다. 결실이 그치지 아니합니다. 시절을 좇아 과실을 맺습니다.

그러므로 생수를 구하십시오. 하나님은 구하는 자에게 주십니다. "구하라 그리하면 주겠다"고 약속하셨습니다. 사모하십시오. 하나님은 사모하는 영혼을 만족케 하십니다.

태초에 물이 있었습니다. 물과 성령님이 함께 역사하셨습니다. 기억하십시오. 예수님은 물로 임하셨습니다. 또 우리는 물과 성령으로 거듭납니다. 물이 흐르는 곳에 모든 생물이 살아납니다. 형통하게 됩니다. 환경도 잘됩니다. 생수의 강이 흐르면 새 생명을 얻을 뿐 아니라, 풍성한 생명을 얻습니다. 치유의 역사가 나타납니다. 짠물이 변하여 단물이 되며, 죽은 바다가 살아나고 고기가 많아집니다. 모든 생물이 번성하게 됩니다. 목적을 발견하고 그 목적을 성취하게 됩니다.

태초에 물이 있었습니다. 하나님이 흙으로 우리를 만드실 때 물을 사용해서 만드셨습니다. 흙에 물을 부어 진흙처럼 만들어 인간의 형상을 만드셨습니다(창 2:7). 인간의 오장육부를 만드시고 신비로운 인간의 두뇌를 만드셨습니다. 그러므로 우리는 흙과 함께 물에서 시작되었습니다. 수정란은 99%가 물이며, 지금 우리 몸의 70%가 물입니다.

생수의 강이신 예수님께 나아가 깨끗한 물을 공급받으십시오. 물이 부족한 것이 아닙니다. 지금은 물이 더

러워졌습니다. 오염으로 물이 상했습니다. 우리는 정결한 물을 마셔야 합니다. 상한 물이 아니라 싱싱한 물을 마셔야 합니다.

참된 음료는 말씀의 생수입니다. 보혈의 생수입니다. 성령의 생수입니다. 지금 이 시간 생수를 받아 마십시오. 교회에 나오는 이유는 생수를 마시기 위함입니다. 말씀의 생수가 지금 흐르고 있습니다. 당신의 영혼과 마음과 몸 안으로 흘러 들어가고 있습니다. 마음을 활짝 여십시오. 그리고 믿음으로 받아들이십시오. 생수의 은혜를 받아 누리십시오.

생수의 은혜가 임할 때 능력이 함께 임합니다. 바다가 많은 고기를 키우기 위해서 능력이 필요한 것처럼 우리도 영적으로 번식하기 위해서는 능력이 필요합니다. 기도를 통해 성령의 능력을 힘입어 수많은 영혼을 출산하고 양육하고 번식하는 우리 모두가 되길 빕니다.

4. 형통하고 번영케 하는 생수의 은혜

생수의 근원이신 하나님이 함께하시면 우리의 영혼뿐 아니라 환경까지 형통하게 되는 복을 받습니다.

성경적인 형통이란 예수님을 통해 천국 가는 길이 열리는 것, 풍성한 생명을 얻고 변화와 번영, 치유와 회복을 누리는 것, 존재의 이유와 목적을 발견하며, 그 목적을 이룰 수 있는 능력을 받는 것입니다.

생수가 흐르는 곳마다 번성하고 형통하는 역사가 나타납니다. 생육하고 번성하는 것은 하나님의 비전입니다. 하나님의 이 비전은, 일대일 양육의 원리와 12제자를 삼는 원리를 통해 이루어집니다.

우리는 번식할 수 있는 엄청난 잠재력을 가진 셀이며, 하나님 나라의 가장 기본이 되는 하나님의 보물입니다. 이를 기억하며 기도할 때, 풍성한 생수의 은혜를 경험하게 될 것입니다.

"생수의 은혜가 임하면
하나님의 비전이 이루어집니다 "

* 예수님은 태초에 생수로 임하신 창조주 하나님이십니다.

* 생수가 흐르는 곳마다 형통과 번영의 은혜가 임합니다.

* 생수의 근원이신 하나님이 함께하시면 형통하게 됩니다.

* 예수님을 통해 천국 길로 들어서는 것이 형통입니다.

* 예수님을 통해 풍성한 생명을 누리는 것이 형통입니다.

* 예수님을 통해 존재 목적을 발견하는 것이 형통입니다.

* 하나님의 목적을 이룰 수 있는 능력을 받는 것이 형통입니다.

* 하나님의 비전은 생육하고 번성하는 데 있습니다.

* 우리 안에는 번식을 할 수 있는 셀이 담겨 있습니다.

* 기도할 때 생수의 은혜가 넘칩니다.

예수님의 생수의 강가는 누구에게나, 언제든지 열려 있습니다. 상처받아 괴로울 때, 아파서 고통스러울 때, 억울하고 원통할 때, 우울하고 의욕이 없을 때, 실연의 고통과 아픔으로 눈물지을 때, 그 어느 때라도 나아가십시오. 우리의 모든 상처를 다 경험하신 '상처 입은 치유자' 예수님이 치유해 주십니다.

5

열국을 치유하는 생수의 은혜

에스겔 47:11-12

하나님은 상처받은 인간의 고통을 아십니다

인간은 연약합니다. 상한 갈대와 같고 꺼져 가는 등불과 같아서 쉽게 상처를 받습니다. 인간은 쉽게 깨지기 쉬운 그릇과 같습니다. 여자만 약한 것이 아니라 남자도 약합니다. 표현하지 않을 뿐이지 남자도 참 약한 존재입니다. 자존심이란 가면을 쓰고 그 약함을 감출 뿐입니다.

누군가에게 상처를 받으면 아픕니다. 육체의 상처도 고통스럽지만 인간 내면의 상처 또한 아주 고통스럽습니다. 마음의 상처가 몸의 상처보다 더 깊은 아픔을 느끼게 합니다.

요셉은 형제들에게 버림받은 상처 때문에 괴로워했습니다. 남도 아닌 형제들이 그를 상인들에게 팔았습니다. 그가 애걸하며 도움을 요청할 때 형제들은 그의 도움을 거절했습니다.

모세는 어릴 적에 버림받은 상처가 그의 내면에 남아 있었습니다. 그의 부모가 그를 사랑하면서도 어쩔 수 없이 갈대 상자에 담아 나일 강에 버렸습니다. 그때 모세는 버림받는 아픔을 경험합니다. 어린아이라고 모르는 것이 아닙니다. 또한 성장한 후에는 자기 동족에게 거절당합니다. 그래서 동족에 대한 불신감이 깊었습니다.

베드로에게는 실패에 대한 상처가 있었습니다. 예수님을 세 번이나 부인한 후에 밖에 나가 통곡합니다.

"이에 베드로가 예수의 말씀에 닭 울기 전에 네가 세 번 나를 부인하리라 하심이 생각나서 밖에 나가서 심히 통곡하니라"(마 26:75).

남자는 실패하면 상처받습니다. 누가 상처를 주지 않아도 스스로 상처를 받습니다. 스스로 좌절하는 것입니다. 스스로 자존심이 상하고 수치심 때문에 몸서리치는 것입니다.

한나는 상처 많은 여인이었습니다. 남편 엘가나가 아들을 낳지 못하는 한나 때문에 두 번째 여자를 얻어 집으로 데려옵니다. 브닌나였습니다. 브닌나는 아들을 낳았는데 한나는 아들을 낳지 못했습니다. 브닌나가 아들을 낳지 못하는 한나를 격동했습니다. 멸시하고 괴롭혔습니다. 한나는 그 고통 중에 기도드립니다.

"한나가 마음이 괴로워서 여호와께 기도하고 통곡하며 서원하여 가로되 만군의 여호와여 만일 주의 여종의 고통을 돌아보시고 나를 생각하시고 주의 여종을 잊지 아니하사 아들을 주시면 내가 그의 평생에 그를 여호와께 드리고 삭도를 그 머리에 대지 아니하겠나이다"(삼상 1:10-11).

인간이 받는 상처 가운데는 집단적인 상처도 있습니다. 이스라엘 민족이 받은 상처는 집단적인 상처입니다. 애굽에서 400년 동안 살면서 애굽 사람들에게 받은 집단적 상처가 있었습니다. 그 상처가 치유되지 않아서 그들은 원망하고 불평했습니다.

상처가 많은 사람들의 특징은 원망과 불평이 많다는

것입니다. 상처가 치유되지 않으면 병이 깊어집니다. 치유되지 않는 상처에는 고름이 생깁니다. 냄새가 납니다. 치유되지 않은 상처는 온 몸에 영향을 미칩니다.

또한 상처받은 마음은 딱딱해집니다. 상처 난 피부가 회복되면서 피부가 더 딱딱하고 굳어져서 흉터가 되듯이, 상처가 생기면 마음과 몸은 본능적으로 그 상처 주위로 두꺼운 껍질을 형성하게 됩니다. 마음은 움츠러듭니다. 마음이 닫히게 되고 옹졸해집니다. 송봉모 사제는 상처 때문에 마음은 오그라지고 오그라진 마음이 옹졸한 마음을 만든다고 말합니다.

마음이 옹졸해진 것은 옹졸해지고 싶어 옹졸해진 것이 아니라 상처를 받으면서 오그라진 탓이다.

에스겔 47장을 보면, 바다가 병들었습니다. 사해는 죽은 바다입니다. 받기만 하고 내주지 않는 바다입니다. 한쪽 문을 닫은 것입니다. 굳게 닫은 마음은 사해와 같습니다. 마음이 오그라지면 마음이 작아집니다. 너그러울 때는 온 세상을 다 받아들이다가도 상처 때문에 한번 옹졸해지면 바늘 하나 꽂을 자리가 없는 것이 인간의 마음입니다.

에스겔 47장에는 병든 나무가 나옵니다. 나무가 병들면 자꾸 쪼그라듭니다. 물이 공급되지 않으면 뿌리가 마르고, 뿌리가 마르면 서서히 죽어 갑니다. 잎사귀는 시들고, 아무 열매도 맺지 못합니다. 병들면 제 구실을 하지 못합니다. 바다는 고기를 키우지 못하고, 나무는 열매를 맺지 못합니다.

병은 치유되어야 합니다. 상처는 치유되어야 합니다. 그렇지 않으면 핍절해지고 강퍅해집니다. 사나워집니다. 완고해집니다. 여유가 없어 쉽게 화를 내고 거칠어집니다. 화병은 무서운 병입니다. 화병에 걸리면 생명이 단축됩니다. 마음이 건강하면 무슨 말을 들어도 소화해 내기 때문에 쉽게 상처 받지 않지만, 마음이 병들면 작은 말 한마디가 상처가 되고 귀에 거슬립니다.

하나님은 상처투성이로 살아가는 인간을 치유하기 원하십니다. 상처 때문에 고통스러워하는 자기 백성들을 보시며 슬퍼하십니다. 가슴 아파하십니다. 상한 백성들 때문에 마음이 상하여 놀라십니다.

"딸 내 백성이 상하였으므로 나도 상하여 슬퍼하며 놀라움에 잡혔도다"(렘 8:21).

하나님은 상처받은 사람들의 마음을 위로하십니다. 그리고 조용히 치유해 주십니다. 그렇다면 하나님은 상한 마음과 몸을 어떻게 치유해 주실까요?

하나님은 생수를 부으심으로
치유하십니다

하나님은 성전에서 흘러나오는 생수를 통해 바다를 치유하십니다. 즉 물을 치유하시는 것입니다. 그리고 물을 치유하심으로써 번성하는 모든 생물을 치유하십니다. 병든 고기를 치유하시고, 강 좌우 가에 심겨진 나무들을 치유하십니다. 물을 통해 땅을 치유하십니다. 땅이 병들면 곡식을 내지 못합니다. 나무가 열매를 맺지 못합니다. 생수를 통해 땅을 치유하심으로 땅에 심겨진 나무들이 열매를 맺게 됩니다.

"그가 내게 이르시되 이 물이 동방으로 향하여 흘러 아라바로 내려가서 바다에 이르리니 이 흘러내리는 물로 그 바다의 물이 소성함을 얻을지라 이 강물이 이르는 곳마다 번성하는 모든 생물이 살고 또 고기가 심히 많으리니 이 물이 흘러 들어가므로 바닷물이 소성함을 얻겠고 이 강이 이르는 각처에 모든 것이 살 것이며"(겔 47: 8-9).

정말 놀라운 치유의 역사입니다. 하나님이 치유하시니 순식간에 모든 것이 소성하게 됩니다. 병든 물이 치유를 받고 모든 것이 살아납니다. 생수가 임하는 곳에 각종 먹을 실과나무가 자랍니다. 잎이 싱싱해지고 달마다 새 실과를 맺습니다. "강 좌우 가에는 각종 먹을 실과나무가 자라서 그 잎이 시들지 아니하며 실과가 끊치지 아니하고 달마다 새 실과를 맺으리니 그 물이 성소로 말미암아 나옴이라 그 실과는 먹을 만하고 그 잎사귀는 약재료가 되리라"(겔 47:12).

치유받는 원리를 배우십시오

① 자신의 상처를 인정하십시오.

자신의 상처를 인정하지 않는 사람은 치유받지 못합니다. 자신의 상처를 인정하고 자신의 병을 인정할 때, 자신의 실패와 자신의 문제를 인정할 때 치유의 길이 열립니다.

가장 심각한 환자는 자신의 병을 인정하지 않는 환자입니다. 이런 환자는 가장 고치기 어려운 환자입니다. 병이 있는데 병이 없다고 생각하는 것보다 더 큰 병은 없습니다. 이런 환자에게는 의사도 어떻게 할 수가 없습니다.

자신의 참된 모습을 아는 것은 깨달음에서 옵니다. 자신에게 병이 있다는 것, 도움이 필요한 상처받은 사람이라는 것을 인정하는 것은 깨달음에서 옵니다. 이제 자신의 힘만으로는 자신의 상처를 치유할 수 없고, 누군가의 도움이 필요하다는 것을 인정하는 것은 깨달음에서 옵니다.

그때 예수님을 찾게 되고 성령님의 치유를 열망하게

됩니다. 그래서 깨달음이 축복입니다. 깨달음의 은혜가 가장 큰 은혜입니다. 예수님은 이사야의 예언을 인용하시면서 깨닫지 못하면 치료받을 수 없다고 말씀하십니다.

"이사야의 예언이 저희에게 이루었으니 일렀으되 너희가 듣기는 들어도 깨닫지 못할 것이요 보기는 보아도 알지 못하리라 이 백성들의 마음이 완악하여져서 그 귀는 듣기에 둔하고 눈은 감았으니 이는 눈으로 보고 귀로 듣고 마음으로 깨달아 돌이켜 내게 고침을 받을까 두려워함이라 하였느니라"(마 13:14-15).

② 자신의 상처를 드러내십시오.

상처를 드러내는 것은 부끄럽고 수치스러운 일입니다. 자존심 상하는 일입니다. 그러나 치유받기 위해서는 자신의 상처를 드러내야 합니다. 하나님께 보여 드려야 합니다. 의사 선생님께 보여 드려야 합니다. 상처를 드러내야 병을 진단할 수 있고, 정확한 진단을 받아야 정확한 치유를 받을 수 있습니다. 상처마다 이유가 있고, 그 원인이 다 다릅니다. 그것을 찾아내고 정확한 진단과 치유를 받기 위해서는 자신의 상처를 드러내야 합니다.

그러나 대부분의 사람들은 자신의 상처를 드러내길 두려워합니다. 마치 나아만 장군처럼, 겉에는 장군의 옷을 입고 있지만 그 몸은 문둥병으로 썩어 들어갑니다. 겉에는 진하게 화장을 하고 향수를 뿌렸지만 그 영혼은 추한 모습입니다. 어떤 사람은 자존심이라는 옷으로 상처를 감춥니다. 명예라는 옷으로 감춘 사람도 있습니다. 그런 사람이 성공에 집착하고, 명예에 집착하고, 직분이나 일에 집착합니다. 그러나 그 속은 썩어 갑니다.

③ 상처를 치유해 주시도록 기도하십시오.

기도보다 더 귀한 것은 없습니다. 하나님이 상처를 치유해 주시도록 기도드리십시오. 스스로 치유할 수 있는 능력을 상실했다면 밖에서 도움을 받아야 합니다. 스스로 치유할 수 없다는 한계를 인정하고 도움을 요청해야 합니다.

기도하는 것은 자신의 상처를 인정하는 것입니다. 자신의 고통을 인정하는 것입니다. 기도할 때 하나님은 치유의 능력을 부어 주십니다.

"여호와여 주는 나의 찬송이시오니 나를 고치소서 그

리하시면 내가 낫겠나이다 나를 구원하소서 그리하시면 내가 구원을 얻으리이다"(렘 17:14).

④ 치유받기 위해서는 겸손히 순종해야 합니다.

교만하면 치유받지 못합니다. 물이 위에서 아래로 흐르듯 모든 은혜는 위에서 아래로 흐릅니다. 그러므로 겸손히 자신을 낮추어야 합니다. 위로 올라가려고 하기 전에 자신을 낮추는 것이 사는 길입니다. 많은 사람들이 위로 올라가려고 하다가 상처를 받습니다. 정복하지 못할 산을 정복하려고 하다가 죽습니다. 주신 은혜만으로도 감사한데 더 많은 것을 얻으려고 탐욕을 부리다 죄를 짓습니다. 그러나 자신을 낮추고 또 낮추면 사는 길이 열립니다.

나아만 장군이 병 고침을 받은 것은 자신의 교만을 꺾고 자신을 낮추었기 때문입니다. 그가 엘리사에게 이르렀을 때 엘리사는 그에게 사자를 보내어 요단 강에 몸을 일곱 번 씻으라고 말합니다. 그러면 그의 문둥병이 깨끗하게 나을 것이라 말합니다. 그 말을 들은 나아만 장군이 노를 발합니다. 그래서 요단강에 몸을 씻지 않고 그

냥 돌아가려고 했습니다.

그때 함께한 종들이 그를 설득합니다. 더 큰일을 행하라 하였어도 행하셨을 텐데 어찌 씻어 깨끗하게 하라는 말에 순종하지 않느냐고 권합니다. 그 말을 들은 나아만 장군은 결국 겸손히 순종합니다. 그리하여 요단 강에 내려가 일곱 번 몸을 담글 때 문둥병이 치료됩니다.

"나아만이 이에 내려가서 하나님의 사람의 말씀대로 요단 강에 일곱 번 몸을 잠그니 그 살이 여전하여 어린 아이의 살 같아서 깨끗하게 되었더라"(왕하 5:14).

⑤ 마음을 활짝 열고 치유하시는 은혜를 받으십시오.

사해 바다가 문을 열고 성전에서 흘러나오는 생수를 받아들일 때 죽은 물은 살아납니다. 생수는 지금도 성전에서 흐르고 있습니다. 하나님 보좌에서부터 넘쳐흐르고 있습니다. 우리가 할 일은 마음 문을 활짝 열고 그 생수를 환영하는 것입니다. 의사가 없는 것도, 치유하시는 은혜가 없는 것도 아닙니다.

"길르앗에는 유향이 있지 아니한가 그곳에는 의사가 있지 아니한가 딸 내 백성이 치료를 받지 못함은 어찜인고”(렘 8:22).

길르앗의 유향은 치유하시는 기름을 상징합니다. 에스겔 47장에 의하면 이는 치유하시는 생수를 의미합니다. 성령의 기름, 성령의 생수가 우리를 치유합니다. 의사 대신 하나님이 치유하십니다. 하나님이 세우신 의사 선생님들을 통해 우리를 치유하십니다.

상처를 두려워하지 마십시오. 상처는 치유받을 수 있습니다. 상처를 잘 치유하면 그 상처를 진주로 만들 수 있습니다. 영광의 상처가 될 수 있습니다. 상처 때문에 더욱 잘된 사람들이 많이 있습니다.

요셉은 상처 때문에 애굽의 국무총리가 되어 수많은 사람들을 구원하는 귀한 일을 감당했습니다. 한나는 상처 때문에 기도의 여인이 되었습니다. 상처를 부둥켜안고 기도하다가 귀한 아들을 낳아 이전보다 더 형통한 여인이 되었습니다. 아름다운 이름을 얻게 된 것입니다. 예수님은 말할 수 없는 상처를 받으셨습니다. 그러나 그 상처가 영광이 되었습니다. 그 상처에서 수많은 영혼을 치유하는 보혈이 흘러나오고 있습니다.

 절망을 희망으로 바꾸는 생수의 은혜

하나님은 생수를 부어 풍성한 열매를 맺게 하십니다

하나님은 풍성한 열매를 좋아하십니다. 하나님의 나라는 핍절한 나라가 아닙니다. 하나님의 나라는 풍성한 나라입니다. 충만한 나라입니다. 하나님은 또한 우리가 풍성하고 충만한 삶을 살기 원하십니다. 풍성한 열매로 가득한 삶을 살기 원하십니다.

그렇다면 우리가 어떻게 해야 풍성한 열매를 맺을 수 있을까요? 에스겔 47장 12절에서 풍성한 열매로 가득 찬 나무를 보게 됩니다.

"강 좌우 가에는 각종 먹을 실과나무가 자라서 그 잎이 시들지 아니하며 실과가 끊치지 아니하고 달마다 새 실과를 맺으리니 그 물이 성소로 말미암아 나옴이라 그 실과는 먹을 만하고 그 잎사귀는 약 재료가 되리라"(겔 47:12).

풍성한 열매를 맺을 수 있는 원리를 배우십시오.

① 생수의 강 곁에 심길 때 풍성한 열매를 맺습니다.

에스겔 47장을 보면 강 좌우에 심겨진 나무들이 풍성한 열매를 맺는 것을 볼 수 있습니다. 나무는 어디에 심겨지느냐에 따라 그 미래가 결정됩니다. 성경을 보면, 형통한 삶을 살았던 사람들의 모습이 한결같이 강 곁에 심겨진 나무의 모습으로 묘사되고 있습니다.

요셉은 형통했던 사람입니다. 풍성한 열매를 맺은 사람입니다. 그의 모습을 창세기 49장 22절은 이렇게 기록하고 있습니다.

"요셉은 열매를 많이 맺는 포도나무와 같고, 샘물가에서 자라는 풍성한 포도덩굴과 같다. 요셉은 담 위에 가지가 무성한 포도나무와 같다"(창 49:22, 「쉬운 성경」).

여기서 말하는 샘물가는 바로 하나님을 의미합니다. 요셉은 생수의 근원 되시는 하나님께 심겨진 것입니다.

시편 1편에도 복 있는 사람의 모습이 나옵니다. 여기 복 있는 사람의 모습도 역시 시냇가에 심긴 나무의 모습입니다.

“오직 여호와의 율법을 즐거워하여 그 율법을 주야로 묵상하는 자로다 저는 시냇가에 심은 나무가 시절을 좇아 과실을 맺으며 그 잎사귀가 마르지 아니함 같으니 그 행사가 다 형통하리로다”(시 1:2-3).

예레미야 17장 7-8절에 나오는 복 받는 사람의 모습도 물가에 심겨진 나무의 모습입니다.

“그러나 무릇 여호와를 의지하며 여호와를 의뢰하는 그 사람은 복을 받을 것이라 그는 물가에 심기운 나무가 그 뿌리를 강변에 뻗치고 더위가 올지라도 두려워 아니하며 그 잎이 청청하며 가무는 해에도 걱정이 없고 결실이 그치지 아니함 같으리라”(렘 17:7-8).

풍성한 열매를 맺고 싶다면 우리는 하나님의 강변에 뿌리를 내려야 합니다. 혈육을 의지하지 마십시오. 권력을 의지하지 마십시오. 우리를 참으로 형통케 하시는 하나님께 뿌리를 내리십시오.

② 성장할 때 풍성한 열매를 맺습니다.

아무리 좋은 나무를 심어도 성장하지 못하면 열매를 맺을 수 없습니다. 성장하지 못하는 이유는 여러 가지입니다. 그중 하나가 병입니다. 병들면 성장하지 못합니다. 특히 뿌리가 병들면 나무는 자라지 못합니다. 정말 경계해야 할 병 중의 하나가 뿌리 병입니다.

뿌리가 병들면 겉으로는 잘 드러나지 않지만 나무는 서서히 죽어 갑니다. 인간의 뿌리는 영혼입니다. 마음입니다. 잘 보이지 않는 부분이 보이는 부분보다 중요합니다. 나무의 뿌리가 나무의 미래를 결정합니다. 그러므로 우리는 뿌리를 잘 가꾸어야 합니다. 뿌리가 병들지 않게 해야 합니다. 뿌리가 병들지 않는 길은 예수님께 뿌리를 내리는 것입니다.

"그러므로 너희가 그리스도 예수를 주로 받았으니 그 안에서 행하되 그 안에 뿌리를 박으며 세움을 입어 교훈을 받은 대로 믿음에 굳게 서서 감사함을 넘치게 하라"(골 2:6-7).

예수님께 뿌리내릴 때 우리는 성장해서 풍성한 열매를 맺게 됩니다. 대부분의 문제는 미숙해서 생깁니다. 성숙하면 웬만한 문제는 문제가 되지 않습니다. 그래서 사도 바울은 우리에게 예수님의 장성한 분량에 이르도록 성장하라고 권면하고 있습니다.

"우리가 다 하나님의 아들을 믿는 것과 아는 일에 하나가 되어 온전한 사람을 이루어 그리스도의 장성한 분량이 충만한 데까지 이르리니 이는 우리가 이제부터 어린아이가 되지 아니하여 사람의 궤술과 간사한 유혹에 빠져 모든 교훈의 풍조에 밀려 요동치 않게 하려 함이라 오직 사랑 안에서 참된 것을 하여 범사에 그에게까지 자랄지라 그는 머리니 곧 그리스도라"(엡 4:13-15).

③ 예수님과 연합할 때 풍성한 열매를 맺습니다.

우리의 인생은 누구와 연합하느냐에 따라 결정됩니다. 인간의 역량은 거의 비슷합니다. 아주 탁월해 보이는 사람도 가까이해 보면 별로 차이가 없습니다. 그렇다면 인간의 차이는 어디서 나는 것일까요? 자신 밖에 있는 자원을 얼마나 끌어들이느냐에 따라 결정됩니다. 어떤 자원을 가지고 있는 사람과 연합하느냐에 따라 결정되는 것입니다.

성경은 우리가 연합해서는 안 될 사람이 있다고 가르쳐 줍니다. 연합해서는 안 될 사람은 교만한 사람입니다. "무릇 마음이 교만한 자를 여호와께서 미워하시나니 피차 손을 잡을지라도 벌을 면치 못하리라"(잠 16:5).

또한 우리는 불순종하는 사람과도 연합하지 말아야 합니다. 고의적으로, 습관적으로 불순종하는 사람과 연합하면 화를 면치 못합니다.

우리는 겸손한 사람과 연합해야 합니다. 왜냐하면 하나님은 겸손한 사람에게 은혜를 베푸시기 때문입니다. 또한 우리는 순종하는 사람과 연합해야 합니다. 하나님은 순종하는 사람을 존귀하게 사용하시기 때문입니다. 우리는 지혜로운 사람과 연합해야 합니다. 지혜로운 사람과 연합할 때 지혜를 얻고, 지혜의 근본인 하나님을 경외하는 사람이 되어 복을 받기 때문입니다.

우리가 연합해야 할 가장 소중한 분은 예수님입니다. 예수님 안에는 모든 지혜와 지식이 담겨 있습니다. 하늘의 모든 신령한 복, 치유하는 능력이 바로 예수님 안에 담겨 있습니다. 예수

풍성한 열매를 맺고 싶다면 하나님의 강변에 뿌리를 내려야 합니다. 혈육을 의지하지 마십시오. 권력을 의지하지 마십시오. 우리를 참으로 형통케 하시는 하나님께 뿌리내리십시오.

 절망을 희망으로 바꾸는 생수의 은혜

님 안에는 풍성한 생명이 담겨 있습니다. 예수님 안에는 은혜와 진리가 충만합니다. 그러므로 예수님과 연합하면 초월적인 은혜와 신비한 능력을 받고, 풍성한 열매를 맺게 됩니다.

"나는 포도나무요 너희는 가지니 저가 내 안에 내가 저 안에 있으면 이 사람은 과실을 많이 맺나니 나를 떠나서는 너희가 아무것도 할 수 없음이라"(요 15:5).

④ 가지치기를 잘할 때 풍성한 열매를 맺습니다.

풍성한 열매를 맺기 위해서는 가지치기를 잘해야 합니다.

"무릇 내게 있어 과실을 맺지 아니하는 가지는 아버지께서 이를 제해 버리시고 무릇 과실을 맺는 가지는 더 과실을 맺게 하려 하여 이를 깨끗게 하시느니라"(요 15:2).

풍성한 열매를 맺는 삶을 사는 사람들의 특징은 집중할 줄 아는 것입니다. 많은 것을 잘하려고 하지 않고 정말 잘할 수 있는 것에 집중합니다. 자신의 은사와 재능을 따라, 자신의 사명을 따라 집중합니다.

예수님은 많은 일로 분주한 마르다에게 안타깝게 권면합니다.

"주께서 대답하여 가라사대 마르다야 마르다야 네가 많은 일로 염려하고 근심하나 그러나 몇 가지만 하든지 혹 한 가지만이라도 족하니라 마리아는 이 좋은 편을 택하였으니 빼앗기지 아니하리라 하시니라"(눅 10:41-42).

인생을 살면서 결코 놓칠 수 없는 한 가지를 발견한 사람은 복 있는 사람입니다. 마르다가 많은 일로 염려하고 있을 때 마리아는 한 가지에 집중했습니다. 결국 마리아는 그녀가 가진 가장 값진 옥합을 예수님께 부어 드림으로 풍성한 열매를 맺을 수 있었습니다.

⑤ 풍성한 생수를 공급받을 때 풍성한 열매를 맺습니다.

과실수에게 가장 중요한 것은 물입니다. 과실이 대부분 물로 되어 있는데, 생수를 충분히 공급받지 못하면 열매를 맺을 수 없습니다. 물의 공급량에 따라 과실수의 모습이 달라집니다. 물이 공급되지 못하면 나무가 마릅니다. 잎은 시들고, 열매는 상상할 수도 없습니다. 열매가 맺히더라도 아주 작습니다. 귤나무를 심었는데 탱자 같은 작은 열매가 맺히게 됩니다.

과실수는 일정한 생수의 양이 차기 전까지 자신의 생존에 급급합니다. 과실은 본래 남을 위해 존재하는 것이지만 생수의 양이 조금 공급되면 자신의 생존을 위해 모든 물을 쓰고, 생존에 필요한 물보다 많은 양의 물을 받으면 그것으로 과실을 만들어 냅니다. 아주 많은 양을 공급받으면 아주 풍성한 과실을 맺게 됩니다.

우리는 살아가면서 풍성한 열매를 맺기 위해 일정한 양을 채우고, 더 채우는 지혜를 배워야 합니다. 병을 고치기 위해 약을 쓸 때도 어느 정도의 양을 채워야 합니다. 그때 병이 낫습니다. 몸을 보하는 것도 마찬가지입니다. 어느 정도 몸을 보하는 보약의 양을 채워야 합니다. 음식도 마찬가지입니다. 어느 정도의 양을 채울 때 건강해질 뿐만 아니라 활기를 얻게 됩니다.

영의 세계도 마찬가지입니다. 우리 영혼 안에 일정한 양의 말씀을 채울 때 성장하게 됩니다. 아주 많은 양의 말씀을 집중적으로 채우면 영혼은 아주 건강해지고 풍성한 열매를 맺습니다. 나중에는 자신의 것을 남에게 나누어 주는 사람이 됩니다.

기도도 마찬가지입니다. 일정한 양을 채울 수 있어야 합니다. 다니엘은 21일이라는 기도의 양을 채웠습니다. 그때 하나님의 역사가 강렬하게 나타났습니다.

하나님은 우리를 통해 열국을
치유하길 원하십니다

하나님은 우리를 치유하신 후에 우리가 열국을 치유하길 원하십니다. 하나님은 강 좌우 가에 있는 나무들을 치유하셔서 풍성한 열매를 맺게 하시고, 나무의 잎사귀가 약재료가 되게 하십니다.

"강 좌우 가에는 각종 먹을 실과나무가 자라서 그 잎이 시들지 아니하며 실과가 끊치지 아니하고 달마다 새 실과를 맺으리니 그 물이 성소로 말미암아 나옴이라 그 실과는 먹을 만하고 그 잎사귀는 약 재료가 되리라"(겔 47:12).

이 말씀은 요한계시록에 더욱 자세하게 나와 있습니다.

"또 저가 수정같이 맑은 생명수의 강을 내게 보이니 하나님과 및 어린 양의 보좌로부터 나서 길 가운데로 흐르더라 강 좌우에 생명나무가 있어 열두 가지 실과를 맺히되 달마다 그 실과를 맺히고 그 나무 잎사귀들은 만국을 소성하기 위하여 있더라”(계 22:1-2).

요한계시록은 나무 잎사귀들이 만국을 소성하는 약재료가 된다고 말씀합니다. 하나님은 병든 우리를 생수로 치유하십니다. 또한 우리로 하여금 열국을 치유하길 원하십니다.

그렇다면 어떻게 우리가 만국을 소성시키는 치유 사역을 할 수 있을까요? 생수의 강 되신 하나님을 전함으로써 가능합니다. 약재료가 되는 나무를 생산해 내는 십자가를 전하는 것입니다.

출애굽기 15장을 보면, 이스라엘 백성들이 수르 광야로 들어가서 사흘 길을 행하지만 물을 얻지 못하고 마라에 이르러 물을 얻게 됩니다. 그런데 그곳 물이 써서 먹을 수가 없었습니다. 백성들은 모세를 원망합니다.

우리 영혼 안에 일정한 양의 말씀과 기도를 채워야 성장합니다. 아주 많은 양의 말씀과 기도를 집중적으로 채우면 영혼은 아주 건강해지고 풍성한 열매를 맺습니다.

모세는 백성들의 원망을 들으면서 하나님께 부르짖어 기도합니다. 그때 하나님이 한 나무를 보여 주시며 그 나무를 쓴물에 던지라고 하십니다. 그 나무를 던졌더니 그 물이 단물이 됩니다.

"모세가 여호와께 부르짖었더니 여호와께서 그에게 한 나무를 지시하시니 그가 물에 던지매 물이 달아졌더라 거기서 여호와께서 그들을 위하여 법도와 율례를 정하시고 그들을 시험하실새"(출 15:25).

저는 이 말씀을 묵상할 때마다 나무 십자가를 생각합니다. 쓴물을 단물로 바꿀 수 있는 것은 예수님의 십자가 밖에 없습니다.

나무 십자가에서 맺은 열매가 부활의 열매입니다. 나무 십자가를 던지면 회복의 열매를 맺습니다. 쓴물이 단물 되는 회복의 열매, 죽은 물이 살아나는 부활의 열매를 맺게 됩니다. 십자가 나무에서 나온 잎사귀가 약재료가 되어 열국을 소성케 합니다.

지금 세상은 병들었습니다. 수많은 사람들이 병들었고, 영혼이 병들어 죽어 가고 있습니다. 우리는 그들을 구원해야 합니다. 소망은 생수 되시는 예수님밖에 없습니다. 예수님을 만날 때 치유가 됩니다.

그러므로 십자가에서 흘러나오는 보혈의 생수를 마십시오. 십자가에서 흘러나오는 복음의 생수, 성령의 생수를 마십시오. 십자가에 맺힌 부활의 열매를 먹도록 하십시오. 십자가의 잎사귀를 가지고 약을 만들어 드십시오. 놀라운 치유를 경험하게 될 것입니다.

생수의 강에 대한 말씀을 묵상하면서 고민이 되는 말씀이 에스겔 47장 11절 말씀입니다.

"그 진펄과 개펄은 소성되지 못하고 소금 땅이 될 것이며"(겔 47:11).

왜 하나님이 진펄과 개펄을 소성시키지 않고 그대로 두셨을까요? 왜 진펄과 개펄로 소금 땅이 되게 하셨을까요? 실수가 없으신 하나님이 진펄과 개펄을 그대로 두신 이유가 있을 것입니다. 소금 땅이 되게 하신 이유가 있을 것입니다.

그것은 우리에게 소금이 필요하기 때문입니다. 예수님은 우리에게 세상의 소금이 되라고 말씀하십니다.

"너희는 세상의 소금이니 소금이 만일 그 맛을 잃으면 무엇으로 짜게 하리요 후에는 아무 쓸데없어 다만 밖에 버리워 사람에게 밟힐 뿐이니라"(마 5:13).

소금은 소중합니다. 소금은 맛을 내고, 부패를 방지해 줍니다. 모든 귀한 것에는 소금이 들어갑니다. 소금이 적절하게 들어가면 맛을 내고 치유의 역사를 일으킵니다. 하나님께 드리는 구약의 소제에도 소금이 들어갔습니다. 오래 전에 소금을 묵상하다가 소금의 영성에 대해 다음과 같은 글을 쓴 적이 있습니다.

소금의 영성

소금은 말이 없다. 소금은 소리가 없다. 소금은 침묵한다. 소금은 냄새도 없다. 화려하지도 않다. 그러나 소금은 없어서는 안 될 필수품이다. 생명과 같다. 그런데 사람들은 소금의 중요성을 의식하지 못한다. 소금은 결코 자신을 드러내지 않고 자신을 과시하지도 않는다. 소금은 물처럼 자신을 감추고 모든 것을 소생시킨다. 빛은 자신을 드러냄으로 어두움을 밝히지만 소금은 자신을 감춤으로 어두움을 삼켜 버린다. 음식을 썩지 못하게 하고, 병을 물리친다.

소금의 아름다움은 지나치지 않음에 있다. 소박함에 있다. 검소함에 있다. 친근함에 있다. 소금은 모든 사람의 곁에 있고, 모든 사람 가까이에 있다. 소금은 부족하지도 않고 지나치지도 않는 적절한 균형에서 최고의 맛을 낸다. 소금은 너무 많이 들어가면 짜고, 너무 적게 들어가면 싱겁다. 고르고 적절할 때 최상의 맛을 내는 것이 소금이다. 소금의 영성은 균형에 있다. 균형이란 중도를 말한다. 좌로나 우로나 치우치지 않는 것이 균형이다. 치우침이 없는 것이 정로다. 정로를 걸어가는 것이 소금이다.

소금은 남을 변화시키며 세상을 변화시킨다. 소금은 음식에 들어가서 음식을 더욱 맛있게 변화시킨다. 썩어 가는 것을 썩지 않도록 도와준다. 바닷물에는 소금이 있다. 바다는 모든 것을 품고 모든 것을 소생시킨다. 모든 것을 품지만 품은 것에 동화되지 않고, 모든 것을 변화시킨다. 변화시키는 바닷물의 능력은 바로 그 속에 있는 소금에 있다.

소금은 신성하다. 하나님께 드리는 소제에 소금을 쳤다. 소금은 언약의 말씀을 상징한다. 생명을 공급하는 가장 소중한 것들 속에 소금이 담겨 있다. 눈물에 소금이 담겨 있고, 땀에 소금이 담겨 있고, 피에 소금이 담겨 있다. 그러므로 소금은 생명이다.

소금은 자신을 위해 존재하지 않는다. 소금은 남을 위해 존재한다. 소금은 남을 위해 맛을 낸다. 소금은 자신을 녹여 맛을 낸다. 소금이 스며들어 있는 음식은 맛이 있다. 맛은 멋이다. 맛이 있을 때 멋이 있고, 멋이 있을 때 맛이 있다. 그래서 맛과 멋은 하나다. 그리스도인은 맛이 있는 사람, 멋이 있는 사람이 되어야 한다. 예수님의 말씀을 따라 썩어 가는 세상을 썩지 않도록 도와주는 소금, 우울한 세상에 조용히 맛을 내는 소금 같은 사람이 되자.

예수님의 생수의 물가로 나오십시오

요한복음을 보면, 예수님의 치유는 물과 관련되어 있습니다. 예수님은 생수로 오셔서 생수로 치유하십니다.

요한복음 2장에서 예수님은 물로 포도주를 만드셨습

니다. 물이 포도주가 될 때 새로운 맛, 새로운 가치로 변화되었습니다. 예수님이 우리를 치유하시면 우리의 인생은 새로운 가치를 부여받게 됩니다. 새로운 맛을 내고 새로운 빛깔을 띠게 됩니다.

요한복음 3장에서 예수님은 니고데모에게 물과 성령으로 거듭날 것을 말씀하십니다. 물이 역사하는 곳에 생명이 새롭게 태어납니다. 예수님은 니고데모의 영혼을 거듭나게 하셨습니다.

요한복음 4장에서 예수님은 사마리아 여인을 생수로 치유하십니다. 그 여인은 남편이 다섯 명이나 있었지만 참된 만족과 행복이 없던 상처투성이 여인이었습니다. 그 여인이 물가로 나왔고 그곳에서 예수님을 만났습니다. 예수님의 생수의 물가에서 예수님이 주시는 생수를 받아 마심으로써 그녀의 인생이 치유되었습니다.

"내가 주는 물을 먹는 자는 영원히 목마르지 아니하리니 나의 주는 물은 그 속에서 영생하도록 솟아나는 샘물이 되리라"(요 4:14).

요한복음 5장에서 예수님은 베데스다 연못가에 있던 38년 된 병자를 고치셨습니다. 베데스다 연못이 고칠 수 없는 병자를 친히 생수의 연못이 되어 고쳐 주신 것입니다.

요한복음 6장에서 예수님은 참된 음료를 말씀하십니다. 그 참된 음료는 예수님의 피였습니다. 성전 된 예수님의 몸에서 나온 생수 속에는 예수님의 보혈의 생수도 담겨 있었습니다.

요한복음 7장에서 예수님은 목마른 자들에게 "내게로 오라"고 초청하십니다. 목마른 자들에게 생수의 강을 약속하십니다. 그 생수의 강은 성령님을 의미합니다(요 7:39).

요한복음 9장에서 예수님은 나면서 소경 된 사람을 만나 그의 눈을 고쳐 주십니다. 땅에 침을 뱉어 진흙을 이겨 그의 눈에 바르시고 "실로암 못에 가서 씻으라" 명하셨습니다. 실로암은 바로 예수님의 생수가 담긴 곳입니다. 실로는 메시아를 상징합니다(창 49:10). 실로암은 메시아의 못이었습니다. 그곳에서 시각장애인이 치유를 받습니다. 예수님은 생수로 눈을 열어 주셨습니다.

상처는 치유될 수 있습니다. 상처 때문에 더욱 잘될 수 있습니다. 상처 없는 사람이 어디 있습니까? 문제는 상처를 어떻게 다루느냐에 있습니다. 상처에 어떻게 반응하느냐에 있습니다.

예수님께로 나아가십시오. 그리고 예수님의 생수를 받아 마십시오. 길르앗의 유향인 성령님의 기름을 의지하십시오. 상처는 치유가 되고 풍성한 열매를 맺는 복을 누리게 될 것입니다.

그러나 상처를 치유받는 것으로 멈추지 말고 풍성한 열매를 맺는 데까지 나아가야 합니다. 형통의 열매, 번영의 열매를 맺으십시오. 형통하면 모든 상처가 영광이 됩니다. 아픈 과거가 추억이 됩니다. 하나님은 요셉을 형통케 하심으로써 그의 아픈 상처를 치유하셨습니다. 형통을 통해 요셉은 자신이 겪었던 모든 과거의 아픔이 하나님의 섭리의 손길이었음을 깨달았습니다. 하나님의 섭리를 깨달은 사람에게는 아픈 상처에 대한 복수가 없습니다. 모든 것이 감사할 뿐입니다.

풍성한 인격의 열매를 맺도록 하십시오. 가장 무서운 병은 인격이 병든 것입니다. 인격이 치유되면 인생은 아름다워집니다. 부디 아름다운 성품의 열매를 맺으십시오. 성품 속에 축복의 비밀이 담겨 있습니다. 겸손의 열매, 순종의 열매, 온유의 열매, 그리고 감사의 열매를 맺도록 하십시오.

영혼 구원의 열매를 맺도록 하십시오. 아직도 수많은 사람들이 예수님을 만나지 못해 고통 중에 있습니다. 무가치하고 무의미한 삶을 살고 있습니다. 병들어 죽어 가고 있습니다. 하나님은 우리를 통해 만국을 소성시키기 원하십니다. 십자가의 피 묻은 복음을 가지고 나아가서 열국을 치유하길 원하십니다.

우리는 어느 때보다 부흥을 열망하고 있습니다. 부흥이란 하나님이 우리를 찾아오시는 것입니다. 하나님이 우리 삶을 방문하시는 것입니다. 성전에서 흘러나온 생수가 바다를 찾아오고, 강 좌우편에 심긴 나무를 찾아오는 것처럼 하나님이 우리를 찾아오시는 것이 부흥입니다.

부흥이 임하면 모든 것이 살아납니다. 생수로 인해 죽은 바다가 살아나는 것처럼, 부흥이 임하면 죽은 것들이 살아납니다. 부흥이 임하면 풍성해집니다. 땅이 고침을 받고, 물고기와 과실은 풍성해집니다. 사람들은 치유와 평강을 경험하고 열방을 향해 나아가는 놀라운 역사가 일어납니다. 열방으로 나아가서 열방을 주님께로 인도하게 됩니다.

생수의 물가로 자주 나아가십시오. 예수님의 생수의 강가는 누구에게나 열려 있습니다. 언제든지 열려 있습니다. 목마르면 나아가십시오. 상처받아 괴로울 때, 아파서 고통스러울 때, 억울하고 원통할 때도 나아가십시오. 우울해질 때, 의욕을 잃어버렸을 때, 실연의 고통과 배신의 아픔 때문에 눈물지을 때도 나아가십시오. 예수님은 우리의 모든 상처를 다 경험하신 분입니다. 상처 입은 치유자입니다. 예수님을 통해 치유받고 풍성한 생명을 누리는 생애가 되길 빕니다.

5. 열국을 치유하는 생수의 은혜

연약한 인간은 쉽게 상처받고 또 상처를 줍니다. 상처받은 사람들은 원망과 불평이 앞서며, 강퍅하고 거칩니다. 이렇게 마음이 상하면 몸에도 병이 옵니다.

하나님은 생수를 통해 그런 우리의 상처를 치유하기 원하십니다. 하나님의 치유를 받으려면, 자신의 상처를 인정하고 드러내어 하나님이 치유해 주시기를 기도해야 합니다. 겸손히 순종함으로, 마음을 활짝 열고 치유하시는 은혜를 받아들여야 합니다. 그렇게 치유된 상처는 영광이 되고 추억이 됩니다.

하나님은 치유와 동시에 열매를 맺게 하십니다. 생수 근원이신 하나님께 뿌리내릴 때, 지혜와 지식, 생명과 치유, 은혜와 진리가 충만하신 예수님과 연합할 때 풍성한 열매를 맺을 수 있습니다.

그러면, 치유된 우리가 할 일은 무엇입니까? 치유가 필요한 병든 열방이 하나님의 치유를 경험하도록 생수의 강 되시는 하나님과 치유의 약 되시는 예수님을 전하는 것입니다.

세상 모든 절망을 치유하는 생수의 은혜 안에 거하십시오

치유하시는 은혜를 받는 원리

– 자신의 상처를 인정하십시오.

– 자신의 상처를 드러내십시오.

– 상처를 치유해 주시도록 기도하십시오.

– 치유받기 위해서는 겸손히 순종해야 합니다.

– 마음을 열고 치유하시는 은혜를 받으십시오.

풍성한 열매를 맺는 원리

– 생수의 강 곁에 심겨질 때 풍성한 열매를 맺습니다.

– 하나님 뜻을 따라 성장할 때 풍성한 열매를 맺습니다.

– 예수님과 연합할 때 풍성한 열매를 맺습니다.

– 가지치기를 잘할 때 풍성한 열매를 맺습니다.

주

1) 에모토 마사루, 「물은 답을 알고 있다」(나무심는사람), 13쪽.

2) 에모토 마사루, 앞의 책, 13~14쪽

3) 에모토 마사루, 앞의 책, 23쪽.

4) 에모토 마사루, 앞의 책, 23~24쪽.

5) 에모토 마사루, 앞의 책, 117~121쪽.

6) 크리스토퍼 라이트, 「에스겔 강해」(IVP), 501쪽.

7) A. B. 심슨, 「성령님에 대한 묵상」(두란노), 53쪽.

8) 에모토 마사루, 「물은 답을 알고 있다」(나무심는사람), 15~16쪽.

9) 릭 워렌, 「목적이 이끄는 삶」(디모데), 42쪽.

10) 릭 워렌, 「목적이 이끄는 삶」(디모데), 44쪽.

11) 에모토 마사루, 「물은 답을 알고 있다」(나무심는사람), 131~132쪽.